MASTERPIECES
OF
QING IMPERIAL
PORCELAIN

皇朝盛世

清三代御瓷

寇勤 | 主编　嘉德艺术中心 | 编

嘉德讲堂 | 第四辑 |　　　　　　　　　　　上海书画出版社

清雍正　瓷胎画珐琅节节长春白地盅
释文：数枝荣艳足，长占四时春　钤"凤采"印
款识："雍正年制"蓝料楷书款
中国嘉德 2016 年春季拍卖会
估价：RMB18,000,000—25,000,000
成交价：RMB22,425,000

序
陶瓷收藏之路

马未都

　　资本主义的发祥地欧洲的贵族们曾长时间地青睐中国瓷器。从万历二十八年（1600）起，英国、荷兰、法国、丹麦等国在很短的时间内相继成立东印度公司，负责中国与欧洲之间的贸易。在这个贸易总量中，瓷器占了很大比重。17、18两个世纪，欧洲人心甘情愿地领教了中国陶瓷艺术。当时，欧洲各国的贵族们虽然热衷中国瓷器，命工匠追逐模仿，但他们却很长时间陷入困惑，找不出中国瓷器既坚固耐用，又美轮美奂的真谛。

　　这就为中国瓷器日后在世界艺术之林取得崇高地位埋下了伏笔。欧洲的贵族们以拥有中国瓷器为荣，以陈设中国瓷器为时尚。中国瓷器遂即成为了权力与地位的象征。东方艺术对西方艺术影响最大的就是我们祖先发明的瓷器，至今在欧洲的博物馆里，在有悠久历史的古堡中，随处可以看到中国瓷器的陈列。

　　中国瓷器之美在欧洲近代文明中根深蒂固。当资本主义列强扩张之时，他们的触角伸向了大洋彼岸神秘的东方古国，觊觎很久的宝物一件件地流向欧洲，让那些对东方艺术垂青的贵族欣喜若狂，当时许多贵族家中陈列的瓷器举目皆是。在这场马拉松式的艺术追求中，中国瓷器一次又一次地攀上价格高峰，奠定了今天中国瓷器价位的基础。

　　1840年爆发的鸦片战争对中华民族是个耻辱。从那时起，中国瓷器像开闸的洪水一泻千里，涌向欧洲。中国人几乎没有能力保卫家园，更别提保卫我们的瓷器。今天许许多多拍卖价格连创世界纪录的中国瓷器，都是在这之后流转到欧洲并沉淀了下来。在强大的经济支撑下，欧洲包括后来的美国学者们腾出时间开始系统地研究、搜集中国瓷器。看一看英国大英博物馆、法国吉美博物馆、美国大都会艺术博物馆，就会明确知道西方人的努力。

正是他们这种不懈的努力，将中国瓷器推向世界艺术的巅峰，尤其是世界工艺美术的巅峰，至今高山仰止，无人企及。这在世界美术史上是特例，只有中国艺术是工艺凌驾于美术之上。二百年来，中国陶瓷的国际价格一直大大领先于绘画、雕塑。而西方艺术中，首推绘画，其次雕塑，任何工艺品与其不能相比，望尘莫及。

中国瓷器今天的国际价格与绘画相比，以冠对冠，以亚对亚，以季对季，均在 4 倍之上。这不是偶然，也没有偶然，原因复杂，大致有四点：

一、中国瓷器为中国人发明，长期霸占世界容器市场，而容器的制造是人类文明的坐标，以致瓷器和中国都叫做"CHINA"。

二、中国的工艺家（不称工匠）在制作陶瓷的同时，勇于承担社会责任。历代陶瓷中不仅有花前月下、弹琴观瀑的怡情之作，亦有鬼谷下山、三顾茅庐、萧何月下追韩信等军事题材的磅礴之作。

三、中国古人的聪明才智。陶瓷工艺上的进步世人有目共睹，唐代的南青北白，宋代的五大名窑，元代的青花，明清的彩瓷，一步一个脚印，一步一个变化，使中国陶瓷丰富而充满魅力。

四、中国陶瓷的美学境界。当陶瓷与古人的生活不可分割的时候，美学随时代变化而变化，一次又一次攀登高峰。尽管陶瓷美学仁者见仁，智者见智，但陶瓷代表中国的美学，无庸置疑地当为魁首。

这些原因，左右着每一位追求陶瓷的人，使他们出手不凡。陶瓷一次又一次地刷新着由自己创下的纪录，近半个世纪来，每一类型的陶瓷都曾受到瞩目，汉绿釉、唐三彩、宋官窑、元青花、明釉里红、清珐琅彩，它们的成交价交替领先，使中国陶瓷异彩纷呈，令人眼花缭乱。

查一下相关资料就会发现，所有的陶瓷成交纪录都是外国人创造的。这是陶瓷的大幸，但也是我们的不幸。国人在陶瓷炫目的光环下常瞻前顾后，显得犹豫。这种犹豫不决把机会一次又一次拱手让给外国人。二十年来，国人没能够在国际拍卖市场真正扬眉吐气，往往在硬仗面前退缩。

由于历史原因，中国陶瓷的价格体系是外国人制定的，国人一直在观望跟风。国内有拍卖以来，一旦优秀瓷器出现，国人的"伸手"就显得犹豫，就显得小心翼翼，本可以到手的机会大量被放弃。加入国际拍卖行列，面对西方人的强劲，多数重器我们无还手之力，只能眼睁睁地看着它们再度漂泊。

时间已经证明，几十年来，中国陶瓷的价格在国际市场无一例外地呈锯齿状上升，许多重器一旦重出江湖就会风光无限，多数被认定价高而不可再升的瓷器仍以数倍天价让世人瞠目。这些骄人的成绩鼓舞着关注它的人们，使新人不断地加入其中。中国经济的高速发展，让国人摆脱了阮囊羞涩的尴尬，在国际、国内拍卖市场搅动了一湖静水。

在中国的拍卖公司，所有的世界级成交价纪录反倒不在瓷器上。多年来，尚没有真正意义的陶瓷世界拍卖纪录在国内被突破，每一件引得国人惊呼的瓷器实际上与国际价格相差甚远，国人看不清瓷器的国际市场的原因也很简单，"不识庐山真面目，只缘身在此山中"。

陶瓷是中国人发明的，中国人当然对它寄托着无限情感；陶瓷虽是中国人发明的，但它已成为了世界文明史中最重要的章节之一，它在历史、科学、艺术、人文诸多方面都形成极其重要的价值。这个价值高到无法用语言表述，也没有任何标尺可以标明，如果用金钱作为坐标，通俗易懂，表明中国人创造的瓷器文明达到了一个怎样的高度。

陶瓷收藏之路一定漫长。随着国人认识的提高，随着国人实力的增加，随着国家的强盛，最终中国陶瓷的各个门类，都会由我们自己标上新的纪录。

（原文发表于 2006 年，略有删减）

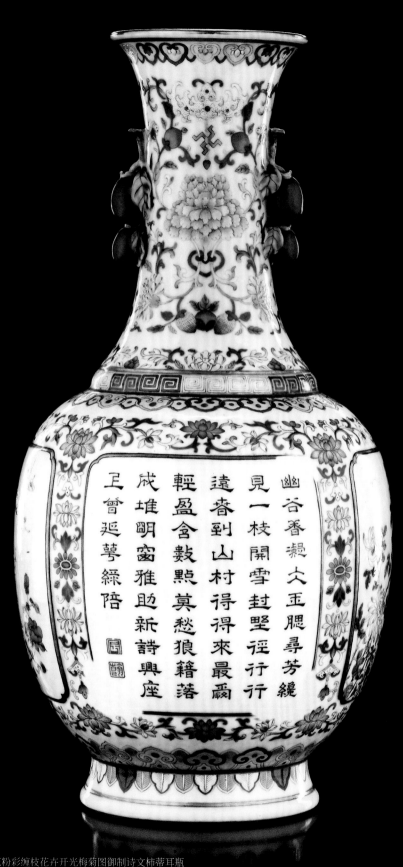

幽谷香馥六丑腮尋芳縵
見一枝開雪封墅徑行行
遠香到山村得得來最嗣
輕盈含數點莫愁狼藉落
成堆朗窗雅助新詩興座
正曾延蔓綠陪

清乾隆　青花粉彩纏枝花卉开光梅菊图御制诗文柿蒂耳瓶
中国嘉德 2013 年春季拍卖会
成交价 RMB27,025,000

目录

下篇·赏析篇

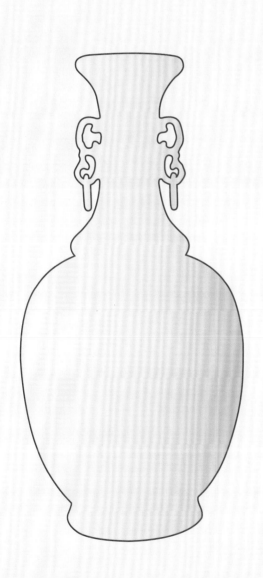

上篇·概述篇

清雍正　柠檬黄釉小碗（一对）
中国嘉德 2010 年秋季拍卖会
估价：RMB600,000—800,000
成交价：RMB2,128,000

明、清景德镇窑浇黄釉、淡黄釉瓷器鉴赏

吕成龙

    明、清时期，黄色是至尊无上的皇家专用色，因此黄釉瓷器的烧造基本限于景德镇御器（窑）厂，极少见有民窑烧造，反映出黄釉瓷器所具有的较强的皇家色彩。黄釉瓷器既可供皇帝、皇后、皇贵妃等日常饮食使用，也是皇家祭祀地坛的专用器。明、清时期景德镇御器（窑）厂烧造的浇黄釉瓷器和淡黄釉瓷器，宛如中国陶瓷百花园中两朵绚丽奇葩，其所蕴含的深刻文化内涵和所取得的高度艺术成就，值得后人不断去研究和发扬光大。

    考古发掘所获得的资料证明，中国是目前已知世界上最早烧造和使用陶器的国家之一，瓷器更是中国独享的一项重大发明。瓷器的发明给人类所带来的意义，不亚于众所周知的造纸术、火药、指南针和印刷术。

    中国古代陶瓷品种繁多，大致可分为彩绘陶瓷和颜色釉陶瓷两大类。颜色釉陶瓷是中国陶瓷中的一大门类，如果从夏代开始出现的高温青釉算起，中国颜色釉陶瓷的烧造至今已有4000多年的历史。经过历代陶工的不断探索，新的釉色品种层出不穷，至清代康熙、雍正、乾隆时期，可谓盛况空前。其烧造技术炉火纯青，釉色品种已达数十种，将中国陶瓷百花园装点得绚丽多姿。

颜色釉的历史

颜色釉陶瓷在中国能获得很大发展，与中华民族对颜色非常敏感有密切关系。凡到过北京社稷坛（今劳动人民文化宫）的人都知道，坛的顶面铺有黄、蓝、红、白、黑五色土，分别代表中央和东、南、西、北。夏代以来，中国历代对服装颜色的崇尚不一。《明史》（卷六十七、志第四十三、舆服三"群臣冠服"条）载："（洪武）三年，礼部言：'历代尚异。夏黑、商白、周赤、秦黑、汉赤，唐服饰黄、旗帜赤。今国家承元之后，取法周、汉、唐、宋，服色所尚，于赤为宜。'从之。"

颜色除了代表国运，也代表四季的更迭。西汉时期服色以四时节气相区别，春青、夏赤、秋黄、冬皂。东汉时期的服色在以前的基础上又增加了代表季夏的黄色，随五时变换，即春青、夏朱、季夏黄、秋白、冬黑。汉代人们坚信，与自然界协调一致的着装是他们与天地沟通的一种有效方式，是"天人合一"思想的身体力行。《旧唐书·舆服志》载："爰至北齐，有长帽短靴、合裤袄子，朱、紫、玄、黄，各任所好。"但之后的岁月里，赭黄袍不仅受隋文帝喜爱，而且也受唐高祖推崇。黄袍被皇帝穿用正始于隋唐时期。从此，黄色在中国成为帝王专用的颜色，不得僭越。（图1—3）

到了五代后周显德七年（960），"陈桥兵变"的那一天，"黄袍加身"就已经被视同登临皇位。清代皇帝分别穿蓝色、黄色、大红色、月白色朝袍，配戴青金石、金珀、珊瑚、绿松石朝珠，于冬至时节祭祀天坛，夏至时节祭祀地坛，春分时节祭祀日坛，秋分时节祭祀月坛，与之配套使用的祭器则包括颜色相适应的祭蓝、浇黄、祭红、填白釉瓷器。因此，颜色釉瓷器能在中国获得很大发展，与我们的祖先对颜色的敏感有密切关系，由此中国古代颜色釉陶瓷品种之繁多在世界上堪称独一无二。

颜色釉烧成技术的发展

中国古代颜色釉陶瓷品种繁多、色泽缤纷，为便于研究，可有不同的分类方法。按烧成温度高低，大致可分为高温色釉和低温色釉两大类。高

图1 西汉 酱黄釉塑贴铺首陶壶
故宫博物院藏

图3 辽代 低温黄釉凤首瓶
故宫博物院藏

图2 唐代 黄釉双龙耳瓶

图4　明弘治　浇黄釉金彩弦纹牺耳尊　故宫博物院藏

温色釉的烧成温度通常在1250℃以上，多系生坯挂釉后入窑一次烧成，如
甜白釉、鲜红釉、祭蓝釉、黑釉、酱色釉、翠青釉等。低温色釉则因在釉
料中加入了较强的助熔剂，致使烧成温度约为700—1250℃。一般是在烧
成的素白瓷或涩胎上挂釉后再入窑经低温焙烧而成，如浇黄釉（图4）、
淡黄釉、瓜皮绿釉、矾红釉、孔雀绿釉、茄皮紫釉等。高温色釉的特点是
表面硬度高、颜色深沉、化学稳定性好，胎、釉结合牢固。低温色釉的特
点是表面硬度低、光泽强、釉面平整光滑、呈色稳定，但胎、釉结合不甚
牢固。

　　我国传统低温黄釉是一种以氧化铁（Fe_2O_3）作着色剂、以氧化铅（PbO）
作助熔剂的典型颜色釉。因釉烧温度较低（850—900℃），故属于低温色
釉。自西汉以来，低温黄釉陶瓷历代多有烧造，但明代以前的低温铁黄釉
多施于陶胎上，且色调多为黄褐色或深黄色，不够亮丽。而明、清时期景
德镇御窑厂烧造的低温铁黄釉瓷，则在经高温（1250℃以上）烧成的白瓷，
或无釉涩胎上挂釉后再经低温（850—900℃）焙烧而成。这种黄釉瓷，釉
面光亮，釉层晶莹透澈，给人以耳目一新之感。呈色深浅虽略有不同，但

图 5　清康熙　铜胎画珐琅花卉纹菱花式盘　故宫博物院藏

基本上趋于明黄色。

　　由于我国明、清时期低温铁黄釉瓷器一般以"浇釉"法施于经高温烧成的涩胎上或白瓷上，然后再经低温焙烧而成，因此这种黄釉俗称"浇黄"。自明代的洪武年间至清代的宣统年间，浇黄釉瓷器的烧造几乎未曾间断，其中明代弘治时期的浇黄釉瓷器烧造技术达到历史上最高峰，釉色淡雅，给人以恬淡娇嫩之美感，人们遂给它起了个富有诗意的名字——"娇黄"，又因其釉质油润，颇似涂抹的鸡油，故又被称作"鸡油黄"。

　　清代康熙时期，欧洲的铜胎画珐琅器和画珐琅料随来华传教士被带到广州，随即又被进贡至内廷。这些色彩华丽、所绘物像逼真的洋玩意儿，引起康熙皇帝的极大兴趣，遂命宫廷造办处进行仿制（图5）。

　　造办处在成功仿制铜胎画珐琅器的基础上，又尝试着将这种技法移植到瓷胎和玻璃胎上，于是成功创烧出瓷胎画珐琅器和玻璃胎画珐琅器（图6、7）。同时，宫廷造办处和景德镇御窑厂的匠师，还尝试着利用从欧洲传来的珐琅料烧造低温单色釉瓷器。

　　至迟康熙六十年（1721）已成功创烧出以金（Au）为着色剂的胭脂红

图6　清康熙　蓝地珐琅彩花卉纹"福山寿海"碗　沈阳故宫博物院藏

釉瓷器。雍正时期，又成功创烧出一种以氧化锑（Sb_2O_3）为着色剂的低温黄釉瓷。这种低温黄釉被称作"洋黄釉"或"锑黄釉"，因其呈色淡雅，故亦称"淡黄釉"（图8）。又因其呈色如鸡蛋黄、柠檬黄，所以又被称作"蛋黄釉""柠檬黄釉"，主要见于雍正、乾隆、嘉庆、道光时期景德镇御窑厂产品。其中尤以雍正时期产品质量最好，受到的评价亦最高。因此，从清代雍正朝开始，我国低温黄釉瓷器即呈现低温铁黄釉瓷和低温锑黄釉瓷并列发展的面貌。

图7　清康熙　玻璃胎画珐琅缠枝牡丹纹瓶　台北故宫博物院藏

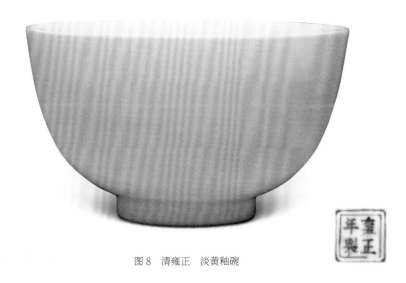

图8　清雍正　淡黄釉碗

明代景德镇御器厂烧造的浇黄釉瓷器

洪武时期

从出土瓷片标本可以确定洪武朝浇黄釉瓷器造型有盘、碗等，而且一般都以模印云龙纹与锥拱云纹、莲瓣纹相结合进行装饰。北京、南京、景德镇等地都曾出土过洪武浇黄釉盘、碗的残片标本。所见出土洪武浇黄釉盘标本，或内、外施黄釉，或外施黄釉、内施白釉，圈足内均涩胎无釉，内壁模印云龙纹、内底锥拱三朵呈"品"字形排列的祥云朵（图9、10）。其造型和纹饰与南京明故宫遗址出土的洪武白釉矾红彩云龙纹盘残片（图11）和传世或出土的洪武青花暗印云龙纹撇口盘（图12）、鲜红釉印划云龙纹盘（图13）相同。所见出土洪武浇黄釉碗残片标本，内、外施黄釉，外壁近足处锥拱莲瓣纹，内底锥拱一朵风带如意云，内壁模印云龙纹。其造型和纹饰与传世洪武外蓝釉内鲜红釉碗（图14）、内外鲜红釉碗一致。但目前尚未见有公开报道的传世洪武浇黄釉瓷器。

图9　明洪武　浇黄釉锥拱模印云龙纹盘残片　景德镇出土　曹建文先生藏

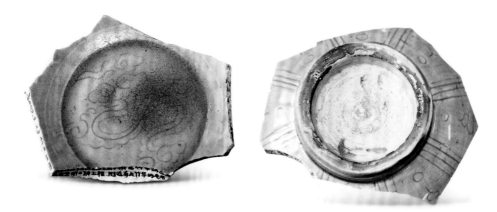

图 10　明洪武　浇黄釉锥拱模印云龙纹碗残片　北京市东城区朝阳门内南小街出土　路杰先生藏

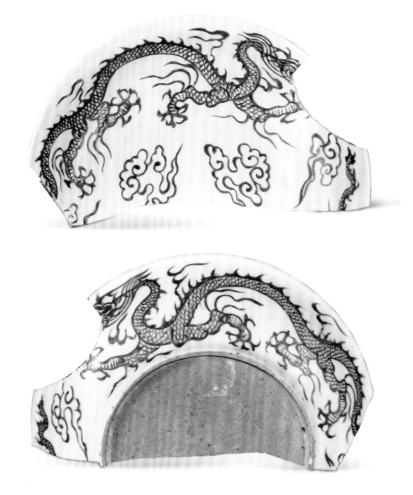

图 11　明洪武　白釉矾红彩云龙纹盘残片　1964 年南京明故宫玉带河出土

图12　明洪武　青花暗印云龙纹撇口盘　故宫博物院藏

图14　明洪武　外蓝釉内鲜红釉印划云龙纹碗　日本出光美术馆藏

图 13　明洪武　鲜红釉印划云龙纹撇口盘　故宫博物院藏

图 15　明永乐　浇黄釉撇口盘　英国大维德基金会藏

永乐时期

明代永乐时期景德镇御窑厂烧造的浇黄釉瓷器传世较为罕见，目前见于公开发表的资料，有英国伦敦大维德基金会收藏的永乐浇黄釉撇口盘（图 15）。

宣德时期

宣德时期景德镇御器厂烧造的浇黄釉瓷器在传世品和出土物中均有所见，造型见有墩式碗、仰钟式碗、盘、梨式执壶等。如台北故宫博物院收藏的宣德浇黄釉窝盘，高 4.2 厘米，口径 18.5 厘米，足径 12 厘米。敞口，浅弧壁，圈足。盘内、外均施黄釉，圈足内施白釉。外底釉下锥拱"大明宣德年制"六字双行、外围锥拱双圈款。中国国家博物馆收藏的一件宣德浇黄釉撇口盘，内、外施黄釉，圈足内施白釉，外底署青花楷体"大明宣德年制"六字双行、外围青花双圈款。

　　20世纪80年代以来，景德镇珠山明代御器厂遗址出土的宣德浇黄釉瓷器标本，丰富了人们对宣德朝浇黄釉瓷器的认识。出土浇黄釉梨式执壶，通高12.9厘米，口径4厘米，足径5.7厘米。直口、短颈、垂腹、圈足。壶内施白釉、外施黄釉，圈足内亦施白釉，不署款（图16）。出土浇黄釉墩式碗，高7.4厘米，口径13.8厘米，足径7.8厘米。直口、深弧腹，圈足。内、外施黄釉，圈足内施白釉。外底署青花楷体"大明宣德年制"六字双行款，外围青花双圈（图17）。

图16　明宣德　浇黄釉梨式执壶
景德镇珠山明代御器厂遗址出土

图17　明宣德　浇黄釉墩式碗
景德镇珠山明代御器厂遗址出土

成化时期

从传世品和出土物看,成化朝景德镇御器厂烧造的浇黄釉瓷器仅见盘、碗等,产量不大。故宫博物院收藏有成化浇黄釉瓷器4件,造型均为盘。一般器内、外均施黄釉,圈足内施白釉,外底署青花楷体"大明成化年制"六字双行、外围青花双圈款(图18)。个别盘类器有锥拱云龙纹装饰。总的来看,成化朝浇黄釉瓷器造型规整、釉面匀净、呈色淡雅,与宣德朝浇黄釉瓷器相比,烧造水平有所提高,为著名的弘治黄釉瓷器的出现奠定了基础。

从上述情况看,洪武至成化时期浇黄釉瓷器造型以盘、碗为主,另见有梨式执壶,基本不见其他造型。

弘治时期

传世品和出土物表明,从弘治朝开始,浇黄釉瓷器的烧造呈现出新的面貌。

首先表现在弘治浇黄釉瓷器产量大增,器物造型除盘、碗外,新出现

图18　明成化　浇黄釉撇口盘
故宫博物院藏

图19　明弘治　浇黄釉金彩弦纹牺耳尊
故宫博物院藏

牺耳尊、飘带耳尊等稍大器物。仅故宫博物院就收藏弘治浇黄釉瓷器176件，其中尊9件、碗和盘167件。其次弘治浇黄釉瓷器的釉面更显纯净、呈色趋于淡雅，给人以恬淡娇嫩之美感，烧造质量居明、清各朝浇黄釉瓷器之冠。弘治浇黄釉尊多高达30多厘米，尊内施白釉、外施娇黄釉，外底素胎，无款。常以多道金彩弦纹装饰，虽然年代久远和使用磨损致使金彩多有脱落，但脱彩处的弦纹痕迹仍依稀可辨。故宫博物院收藏的一件浇黄釉描金牺耳尊，高32厘米，口径19厘米，底径17.5厘米。系清宫旧藏。直口、短颈、溜肩，肩以下渐收敛，平底。肩部两侧对称置牛头形耳。尊内施白釉、外施黄釉，外底无釉。外壁自上而下饰九道金彩弦纹。造型规整，黄釉发色纯正，外壁所饰金彩熠熠生辉，给人以富丽堂皇之美感（图19）。弘治浇黄釉盘、碗，内、外均施黄釉，圈足内施白釉，外底署青花楷体"大明弘治年制"六字双行、外围青花双圈款。

科技工作者曾对弘治浇黄釉进行过科学测试，其化学成分如下（表1）[1]。

表 1：弘治浇黄釉化学成分表

氧化物	含量 Wt%
SiO_2	42.93
Al_2O_3	4.52
Fe_2O_3	3.66
PbO	45.00
CaO	1.16
MgO	0.10
K_2O	1.30
Na_2O	0.73
MnO_2	0.03
CuO	0.05

现代景德镇也能成功仿烧弘治浇黄釉瓷器，其釉的配方为：铅粉79%、石末15%、赭石6%[2]。

图 20　明正德　浇黄釉宫碗　故宫博物院藏

正德时期

从传世品和出土物看，正德时期景德镇御器厂烧造的浇黄釉瓷器数量比弘治时还大、造型也更丰富。器物造型以盘、碗较为多见，另见有罐、爵、高足碗等。正德浇黄釉瓷器呈色比弘治时期产品略深，总体上看仍显得恬淡娇嫩。故宫博物院收藏有正德浇黄釉瓷器 230 件，其中 2 件爵、228 件盘和碗。正德浇黄釉瓷器所署款识或为青花楷体"大明正德年制"六字双行、外围青花双圈（图 20），或为青花楷体"正德年制"四字双行、外围青花双圈。也有不署款者。黄釉发色纯正，釉面洁净，仍呈现出较高烧造水平，总体质量仅次于弘治朝浇黄釉产品。

嘉靖时期

从传世品和出土物看，嘉靖时期景德镇御器厂所烧造浇黄釉瓷器的数量仍维持较高水平。造型见有碗、盘、碟、杯、高足碗、葫芦瓶、罐等。仅故宫博物院就收藏嘉靖朝浇黄釉瓷器 105 件，其中罐 1 件、高足碗 1 件、盘和碗 103 件。多数器物黄釉呈色较深，也有少数釉色浅淡如弘治黄釉者。器物所署年款多为青花楷体"大明嘉靖年制"六字双行、外围青花双圈或单圈；个别器物圈足内亦施黄釉，在黄釉的掩映下，青花款呈蓝黑色。也

图 21　明嘉靖　浇黄釉锥拱凤穿花纹罐　故宫博物院藏

有个别器物外底锥拱楷体"大明嘉靖年制"六字双行、外围锥拱双圈。以锥拱花纹装饰的浇黄釉瓷器首见于明成化时期，台北故宫博物院收藏有成化浇黄釉锥拱云龙纹盘。嘉靖浇黄釉瓷器大都光素无纹饰，少数器物饰以锥拱花纹。如故宫博物院收藏的嘉靖浇黄釉锥拱凤穿花纹罐（图21），罐内、外均施黄釉，外壁通体锥拱纹饰。颈部饰四朵祥云，肩部和腹下部各饰三只飞鹤，上腹部饰四条飞凤，凤、鹤均穿飞于缠枝灵芝间。近足处饰蕉叶纹一周。圈足内亦施黄釉，无款。

隆庆时期

隆庆朝历时只有六年，从传世品和出土物看，浇黄釉瓷器产量不大，器物造型见有盘、碗、杯等，黄釉呈色一般较深，釉面欠平整。有的器物锥拱有缠枝莲纹。制作工艺略显粗率，由于施釉较厚，致使图案多模糊不清。器物圈足内均施亮青白釉，外底署青花楷体"大明隆庆年制"六字双行、外围青花双圈款（图22）。

图 22　明隆庆　浇黄釉撇口盘残片　北京西城区南长街出土　曲永建先生藏

万历时期

传世品和出土物表明，万历朝景德镇御器厂烧造浇黄釉瓷器的数量仍较大，造型有盘、碗、杯、碟等。故宫博物院现收藏传世万历朝浇黄釉瓷器 74 件，造型均为盘、碗。万历朝浇黄釉瓷器釉层较厚，釉色稍显浓深。制作工艺略欠精细，多有塌底现象。器物或内、外施黄釉，或内施白釉、外施黄釉，有的器物外壁锥拱二龙戏珠纹。万历朝浇黄釉瓷器所署年款多为青花楷体"大明万历年制"六字双行、外围青花双圈（图 23）。

值得一提的是，万历时期有叫周丹泉和吴昊十九（亦名"吴为"）者，均属于制瓷名家，二人所制瓷器中包括做工精湛的浇黄釉瓷器。清代蓝浦撰《景德镇陶录》中卷五"景德镇历代窑考"之"明周窑"载：

> 隆、万中人。名丹泉。本吴门籍，来昌南造器，为当时名手。尤精仿古器，每一名品出，四方竞重购之，周亦居奇自喜，恒携至苏、松、常、镇间，售于博古家，虽善鉴别者，亦为所惑。有手仿定鼎及定器文王鼎炉与兽面戟耳彝，皆逼真无双、千金争市，迄今犹传述云。[3]

周丹泉和吴为的作品今已难得一见，台北故宫博物院藏有清宫旧藏周丹泉制浇黄釉凸刻钱纹锦地兽面纹双耳三足鼎式炉（图 24）和吴为制浇黄釉凸雕海水云九龙方洗，堪称难得一见的了解二人高超制瓷技艺的珍贵实物资料。周丹泉制浇黄釉凸刻钱纹锦地兽面纹双耳三足鼎式炉，高 16.8 厘米，口径 13.3 厘米，外底黄釉下锥拱楷体"周丹泉造"四字双行款，此炉原藏寿安

图23　明万历　浇黄釉宫碗　故宫博物院藏

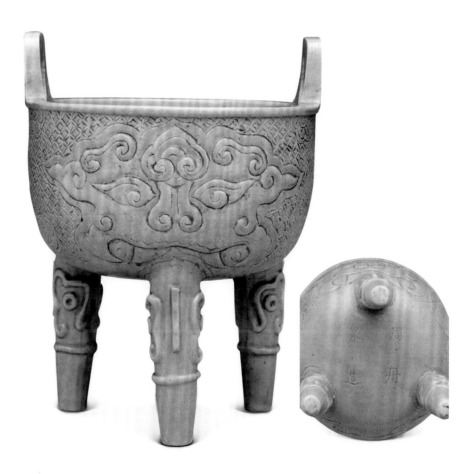

图24　明代　周丹泉制浇黄釉凸刻钱纹锦地兽面纹双耳三足鼎　台北故宫博物院藏

宫。吴昊十九制浇黄釉凸雕海水云九龙方洗，外壁浮雕海水、祥云、九条龙，口沿之沿面雕刻一周阳文楷体"钧尔陶分文尔质，龙函润砵燿东壁。万历年吴为制"。此洗原藏养心殿。

泰昌、天启、崇祯时期，几乎不见有浇黄釉瓷器。鉴于明代浇黄釉的透明度较好，因此，成化朝以后，一部分浇黄釉瓷器上有锥拱云龙、云凤纹等装饰，透过釉层，图案若隐若现，耐人寻味，富有特殊的装饰效果。

明代颜色釉瓷器的大量烧造与明代的祭祀制度有密切关系。据《明实录·太祖实录》记载，洪武二年（1369）朱元璋降旨"凡祭器皆用瓷"。明代朝廷向景德镇下达的烧造任务中，有时指明命烧造祭器。如《明实录·宣宗实录》载："（宣德元年九月乙酉）命行在工部江西饶州府造奉先殿太宗皇帝几筵、仁宗皇帝几筵白瓷祭器。"《大明会典》（卷二零一，工部二十一）"器用"条载："嘉靖九年定四郊各陵瓷器：圜丘青色、方丘黄色、日坛赤色、月坛白色，行江西饶州府如式烧解。"

由此可知，明代景德镇御器厂烧造的红釉、蓝釉、白釉、黄釉瓷器等，均可派作祭祀用。这些颜色釉的名称也多与祭祀有关，如"祭红""祭蓝""祭青"等。

清代景德镇御窑厂烧造的浇黄釉和淡黄釉瓷器

清代景德镇御窑厂烧造的低温黄釉瓷器主要有两种：一是传统的以氧化铁（Fe_2O_3）作呈色剂的浇黄釉瓷器；二是以氧化锑（Sb_2O_3）作呈色剂的淡黄釉瓷器。

1. 浇黄釉（低温铁黄釉）瓷器

前面已经谈到，浇黄釉瓷器创烧于明代洪武年间景德镇御器厂，洪武以后直至万历朝，历朝多有烧造。清代浇黄釉瓷器作为景德镇御窑厂岁例烧造的主要颜色釉瓷器品种之一，从顺治朝开始直至宣统朝，历朝均有烧造，从未间断（图25—27）。其中以康熙、雍正、乾隆时期浇黄釉瓷器的产量最大、质量亦最高。

清代浇黄釉瓷器的产量远远大于明代，同样的器物动辄烧造几十、

图 25　清康熙　浇黄釉盖罐　台北故宫博物院藏

图 26　清乾隆　浇黄釉刻古铜纹簠

图 27　清光绪　浇黄釉刻古铜纹铏

几百或上千件。以故宫博物院藏品为例，康熙浇黄釉盖罐一套68件、浇黄釉盘一套90件、浇黄釉碗一套306件、浇黄釉锥拱云龙凤纹盘一套120件、浇黄釉锥拱缠枝莲纹碗（口径11.6厘米）一套135件、浇黄釉锥拱云龙"寿"字菊瓣盘一套139件、浇黄釉锥拱云龙纹盘一套183件、浇黄釉锥拱云龙纹盘一套426件、里白釉外浇黄釉锥拱云龙纹碗（口径15—16厘米）一套902件、里白釉外浇黄釉锥拱云龙纹碗（口径12厘米）一套1413件。

康熙以后，浇黄釉瓷器中同样器物动辄烧造几十、几百、上千件者仍很多。如故宫博物院藏清道光浇黄釉碗，编号为"故161839"者一共就有1298件。清代浇黄釉瓷器多在涩胎上施釉，有内、外施黄釉者，也有外施黄釉内施白釉者。釉色普遍比明代浇黄釉深，有的呈姜黄色。除光素器外，尚有锥拱云龙、云凤、缠枝花、八吉祥等纹饰者，透过釉层，纹饰清晰可见。清代浇黄釉瓷器的造型远比明代丰富，见有各种罐、瓶、壶、尊、簋、簠、铏、豆、笔山、盒、轴头、提梁壶、盘、碗、高足碗、杯、碟等。除个别器物外底或圈足内素胎无釉且不署款识外，绝大多数器物圈足内均施白釉，外底署当朝年款或仿写明代宣德、弘治、成化、正德、嘉靖、崇祯等朝年款。

顺治时期

顺治朝浇黄釉瓷器造型见有筒式瓶、盘、碗等，所署款识见有青花楷体"大清顺治年制"六字双行、外围青花双圈，青花楷体"玉堂佳器"四字双行、外围青花双圈，刻划"崇祯年制"四字双行、外围刻划双圈等（图28、29）。

康熙时期

康熙朝浇黄釉瓷器造型见有罐、瓶、天鸡壶、提梁壶、长方酒盏托、圆酒盏托、轴头（图30）、炉、碗、盘、杯等。所署款识见有青花楷体"大清康熙年制"六字双行、外围青花双圈或款识外无边栏；或署青花楷体"大清康熙年制"六字三行、外围青花双圈，青花楷体"大清年制"四字双行、外围青花双圈。也有署青花或锥拱楷体"大明宣德年制""大明弘治年制""大

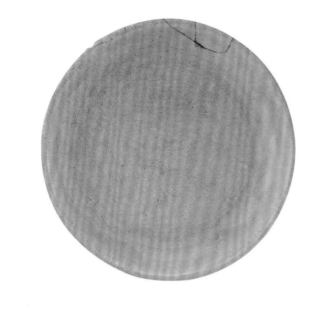

图 28　清顺治　浇黄釉锥拱云龙纹撇口盘　故宫博物院藏

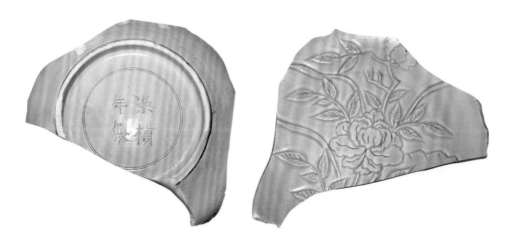

图 29　清顺治　仿明崇祯款浇黄釉暗刻茶花图碗残片
北京海淀区清华大学西门外出土
曲永建先生藏

图 30　清康熙　浇黄釉轴头　故宫博物院藏

明成化年制""大明嘉靖年制"等仿款者，款外围以相应的青花双圈或锥拱双圈。

雍正时期

雍正朝浇黄釉瓷器造型见有碗、盘、杯等。所署年款或为青花楷体"大清雍正年制"六字双行、外围青花双圈或双方框；或为青花篆体本朝六字三行，外无边栏；高足碗则在足内边缘，自右向左绕足署青花楷体本朝六字款。

乾隆、嘉庆、道光时期

乾隆朝浇黄釉瓷器造型见有尊、簠、簋、镫、豆、爵、碗、盘、杯等。所署年款大都为青花，或锥拱篆体"大清乾隆年制"六字三行，或"乾隆年制"四字双行款（图 31、32）。

嘉庆朝浇黄釉瓷器造型见有盘、碗等；道光朝浇黄釉瓷器造型见有尊、簠、簋、镫、豆、罐、渣斗、碗、盘等。嘉庆、道光朝浇黄釉瓷器所署年款，分别为青花篆体"大清嘉庆年制"六字三行款、青花篆体"大清道光年制"六字三行款。道光朝浇黄釉瓷器还有署"湛静斋制""慎德堂制"款者，亦很精致。

图 31　清乾隆　浇黄釉刻古铜纹豆
故宫博物院藏

图 32　清乾隆　浇黄釉牺耳尊　沈阳故宫博物院藏

咸丰、同治、光绪、宣统时期

咸丰朝浇黄釉瓷器造型见有碗、盘、杯等；同治朝浇黄釉瓷器造型见有碗、盘、碟、杯等；光绪朝浇黄釉瓷器造型见有罐、豆、爹斗、碗、盘、碟、杯等；宣统朝浇黄釉瓷器造型见有罐、碗、盘、碟、杯等。咸丰、同治、光绪、宣统四朝浇黄釉瓷器所署年款，分别为青花楷体"大清咸丰年制"六字双行款、青花楷体"大清同治年制"六字双行款、青花楷体"大清光绪年制"六字双行款和青花楷体"大清宣统年制"六字双行款。

检索清代宫廷档案可以发现，有关清代各朝皇帝命景德镇御窑厂烧造黄釉瓷器方面的记载屡见不鲜，尤以雍正、乾隆两朝为甚。如《内务府造办处各作成做活计清档》（雍正七年）载：

四月二十七日，郎中海望奉旨：尔将各样款式水盛，或腰圆形、半壁形、鸡缸形或扁圆形，酌量作木样几件，不必呈览，交年希尧，或黄釉、或霁红釉、或托胎、或冬青釉，务要精细，每样烧造几件。钦此。于五月十九日做得腰圆形水丞木样一件、半壁形水丞木样一件、鸡缸形水丞木样一件、扁圆形有缺口水丞木样一件，交年希尧家人郑旺持去。讫。[4]

《内务府造办处各作成做活计清档》（雍正十年）载：

二月二十二日，内大臣海望奉上谕：可将霁红、霁青、黄色、白色高足靶碗每样烧造些，厚些的亦烧造些，以备用赏蒙古王用。钦此。本日交内务府总管年希尧家人郑天赐抄去。讫。

《内务府造办处各作成做活计清档》（雍正十一年）载：

十二月十二日，茶房笔贴式常宁、茶上人德格送来散秩大臣伯、饭房茶房总管马哈达等请文，咨称本饭房、茶房奏称：饭房茶房黄磁碗、黄磁锺现不足用。饭房欠添二等黄磁碗三十件、三等黄磁碗二十件、黄磁锺三十件。茶房欠添黄磁锺二十件。共添一百件。请交海望行与该处烧造等语，缮写折片，于雍正十一年十二月十二日交太监王常贵等转奏。奉旨：交该管处取用。钦此。相应移咨前去等因记此。于本月十三日茶房笔帖式金大鹏送来黄磁碗样二件、黄磁钟样一件，呈内大臣海望看过。着将原黄磁碗、锺样交内务府总管年希尧家人郑天赐转发江西烧造磁器处照样烧造一百件，限一百日内送来。记此。本日将黄磁碗二件、黄磁锺一件，司库佛保等交内务府总管年希尧家人郑天赐领去。讫。

雍正十三年（1735）唐英撰《陶成纪事》明确记载："一仿浇黄器皿，有素地、锥花二种。"[5] 清代宫廷对黄釉瓷器的烧造控制非常严格，为防止烧造技术外传，以免破坏定制，连残次品也要送往京城处理。据乾隆二十一年（1756）的《唐英档案》载："七月初七日，唐英将次色黄器一万一千七十九件及次色祭器一百六十四件，开造清册呈交广储司按册查收。"

送京，即本处变价处理。但唐英认为此举不妥，次年上奏《请定次色瓷器变价之例、以杜民窑冒滥折》云："唯是国家分别等威，服务采章，俱有定制……至于黄器及五爪龙等件，尤为无可假借之器，似未便以次色定价，致本处窑伪造僭越，以紊定制……"

黄色被认为是至尊的颜色，明、清时期属于帝王专用色。清代对浇黄釉瓷器的使用有严格的等级制度，除了皇帝可以享用外，据《国朝宫史》（卷十七）记载，里外黄釉器专供皇贵妃使用。尊卑有别，不得僭越。除了日常使用外，与明代一样，清代单色釉瓷器中的祭红、祭蓝、浇黄、填白釉瓷器亦被分别派作祭祀日坛、天坛、地坛、月坛用[6]。

如《清代皇朝礼器图式·卷一·祭器》载："钦定祭器，地坛正位用黄色瓷。"而且书中所附牺耳尊之图，与弘治浇黄釉描金牺耳尊之造型相同。从传世乾隆朝浇黄釉描金牺耳尊看，这种皇家祭器系按《清代皇朝礼器图式》一书所附图烧造而成，属于皇家祭祀方丘（地坛）用器。据清代蓝浦撰《景德镇陶录》记载，清代景德镇浇黄釉的配料系"用牙硝、赭石合成"。

图 33　清雍正　柠檬黄釉小碗（一对）
中国嘉德 2010 年秋季拍卖会
估价：RMB600,000—800,000
成交价：RMB2,128,000

2. 淡黄釉（低温锑黄釉）瓷器

清代雍正年间，景德镇御窑厂利用从西洋引进的以氧化锑（Sb_2O_3）为呈色剂的彩料，创烧出的一种著名的低温黄釉，称为淡黄釉。实际上，康熙时期，锑黄已作为釉上彩料使用在珐琅彩瓷器上，在有些珐琅彩瓷器上还被大面积用作色地。在此基础上，出现了单一颜色的锑黄釉瓷器。由于这种釉的颜色比传统浇黄釉更显浅淡幽雅，故被称作"淡黄釉"；又因其极似鸡蛋黄之色，故亦称"蛋黄釉"。清代文献称之为"西洋黄"或"洋黄"。

雍正十三年（1735）唐英撰《陶成纪事》记载当时景德镇御窑厂岁例供御的五十七种彩、釉中有"一西洋黄色器皿"，指的就是淡黄釉（图 33）。

《内务府造办处各作成做活计清档》（乾隆三年·江西）载：

六月二十五日，七品首领萨木哈、催总白世秀来说，太监高玉交

图34　清雍正　淡黄釉小瓶
故宫博物院藏

宣窑青花有耳盖碗一件（不要耳）……洋黄三寸碟一件、洋黄里外收小三寸碟一件……传旨：交与烧造磁器处唐英，照样烧造送来。烧造完时，再将交出原磁器缴回，仍交磁器库。此磁器内有大器皿，应画样带去；其小磁器皿，俱各带去。钦此。

这里所说的"洋黄"，即指淡黄釉。也有人视淡黄釉之色恰似柠檬色，而称之为"柠檬黄釉"。淡黄釉之特点是釉层呈乳浊状、混而不透（图34）。

据潘文锦等撰《景德镇的颜色釉》一书介绍，现代景德镇制作淡黄釉的配方为：雪白65.19%、石末15%、老黄19.56%、锡黄13.03%、薄黄1.96%、赭石0.26%。按配比称料，磨细过筛后，将釉浆以吹釉法或浇釉法，施于已预热的釉胎或无釉涩胎上（二者的釉浆稠度应有所不同）。使用吹釉法时，釉浆含水率应高些，以40%为宜；使用浇釉法时，釉浆含水率应低些，以不超过32%为宜。干燥后，置于烤花炉中以850℃左右温度焙烧而成。"雪白"是配制低温色釉最早使用的基础釉料，通常情况下，以一份石末配以三份铅粉而成，被用作釉上彩的助熔剂。"石末"即石英粉末，一般含二氧化硅（SiO_2）98.5%以上，其本身的熔点可达1700℃左右，与适量的铅粉（主要含熔点较低的氧化铅）混合后，可以在较低温度下生成透明光亮的铅玻璃釉。"老黄"即一种以重铬酸钾着色的釉上黄色颜料，系将青铅、石末、牙硝、重铬酸钾等放入坩埚中以约900℃左右温度加热使之熔融，然后倾入冷水中使之骤冷，得到熔块，再将熔块粉碎磨细成黄色粉末状颜料备用。"锡黄"是釉上颜料的一种，系将红丹、石英、硝酸钾、氧化锡共同置于耐火坩埚中加热至锅内的料熔融，然后倾入冷水中使之骤冷，得到熔块，再将熔块粉碎磨细成黄色粉末状颜料备用。

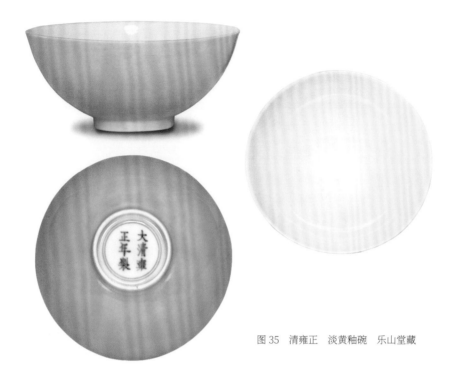

图 35　清雍正　淡黄釉碗　乐山堂藏

图 36　清雍正　胭脂红釉碗
中国嘉德 2011 年春季拍卖会
估价：RMB2,000,000—3,000,000
成交价：RMB5,290,000

图 37　清雍正　松石绿釉小碗

　　"薄黄"是釉上颜料的一种。系将铅丹、硼酸、石英、氧化锑、氧化锌、氧化锡等共同置于耐火坩埚中加热至800℃左右以使锅内的料熔融，然后倾入冷水中使料骤冷，得到熔块，再粉碎磨细过筛备用。

　　"赭石"是一种品位不高的赤铁矿，呈红褐色硬块状。含铁量一般在38%左右。江西有多处出产，景德镇过去都爱用庐山产的赭石。使用前应略加挑选，然后磨细过筛备用[7]。

　　清代淡黄釉瓷器的烧造从康熙朝开始，历雍正、乾隆朝，至道光朝仍有烧造。造型以盘、碗、杯、碟等小件器皿最为多见，另见有柳叶瓶、觯式瓶、观音尊、折腰盆、盖盒等稍大的琢器。其中以雍正朝产品质量最好、受到的评价亦最高。如故宫博物院收藏的雍正淡黄釉小瓶（图34），高14.6厘米，撇口，细颈，溜肩，肩以下渐收敛，圈足。体态隽秀，形体细窄如柳叶。内、外均施淡黄釉，釉面匀净。圈足内亦施淡黄釉。外底锥拱篆体"大清雍正年制"六字三行款。娇美的形体与淡雅的淡黄釉相配，相得益彰，堪称清代淡黄釉瓷器中最受人称道的作品之一。另外，雍正朝淡黄釉小碗（图35）、小盘（碟）与胭脂红釉小碗（图36）、松石绿釉小碗（图37）、小盘（碟）一样，均造型规整、形体优美、釉面匀净、釉色淡雅，将造型和釉色有机结合，成为雍正皇帝最喜爱的单色釉瓷器品种，均堪称最佳搭配，充分体现出雍正皇帝要求宫廷艺术品"文雅精细"的审美观。

　　对于单色釉瓷器，人们对其最基本的要求是均匀、纯净。单色釉瓷器通体浑然一色、纯洁莹亮，能够使人得到心灵的净化。不同颜色的单色釉瓷器能够给人的视觉带来不同的美感。如祭红釉之深沉、郎窑红釉之明艳、豇豆红釉之妩媚、祭蓝釉之静穆、青釉之淡雅、蛋黄釉之庄肃、茄皮紫釉之高贵、紫金釉之沉稳、浇黄釉之尊贵、甜白釉之洁净、黑釉之静谧……因此，"均匀""纯净"是我们挑选单色釉陶瓷的最基本标准。当然，其他标准还应包括造型规整、形体美观、工艺精细等。

　　综上所述，明、清时期黄釉瓷器的烧造基本限于景德镇御器（窑）厂，极少见有民窑烧造，反映出黄釉瓷器所具有的较强的皇家色彩。黄釉瓷器既可供皇帝、皇后、皇贵妃等日常饮食使用，也是皇家祭祀地坛的专用器。明、清时期景德镇御器（窑）厂烧造的浇黄釉瓷器和淡黄釉瓷器，宛如中国陶瓷百花园中两朵绚丽奇葩，其所蕴含的深刻文化内涵和所取得的高度艺术成就，值得后人不断去研究和发扬光大。

注解

[1] 张福康：《中国传统低温色釉和釉上彩》，《中国古代陶瓷科学技术成就》，上海科学技术出版社，1985年。

[2] 潘文锦等：《景德镇的颜色釉》，江西教育出版社，1986年。

[3] [清]蓝浦：《景德镇陶录》，嘉庆二十年异经堂刻本。

[4] 中国第一历史档案馆：《内务府造办处各作成做活计清档》（1—55册）。

[5] 唐英：《陶成纪事碑记》，刻于乾隆元年。

[6] 鄂尔泰、张廷玉等：《国朝宫史》，北京古籍出版社，1994年。

[7] 潘文锦等：《景德镇的颜色釉》，江西教育出版社，1986年。

从唐英"私房瓷"看大清榷陶官的审美情趣

刘旸

但凡讲起中国御窑瓷器的烧造历史，就不得不提到其中最重要的人物——唐英。唐英字俊公，号蜗居老人、陶成居士，沈阳人，汉军正白旗，生于康熙二十一年（1682），卒于乾隆二十一年（1756），自雍正六年（1728）佐理窑务，先后榷窑二十余年，是御窑厂历史上督窑时间最长、成就最高的督陶官，史称"唐窑"。

唐英监督烧造器物的分类

唐英在景德镇督窑期间监督烧造的器物可分三类：

第一类即是大宗供御瓷器，每年由唐英监督烧造上供宫廷。按清档记载，其中不乏唐英亲自设计的创新品种，如转心瓶、甲子万年笔筒等。

第二类是唐英自用或馈赠亲友的小件文房器皿，见有笔筒、水盂等，喜以山水风景、诗文等入饰，书"陶铸""蜗寄居士"等斋号。

第三类是唐英供奉庙宇神灵的供器，由炉、花觚、烛台（图1）组成五供成套使用，皆为青花作品，目前见有雍正十二年（1734）、乾隆五年（1740）、乾隆六年（1741）三种年款，分别供奉天仙圣母、地藏菩萨、东岳大帝、观音大士四位神灵。供奉的寺庙主要分布在京城东面，即今日北京朝阳区一带。其中除雍正十二年（1734）年烛台仅题书时间外，其余

图 1　清乾隆早期　唐英自用青花缠枝花卉纹烛台
中国嘉德四季第 48 期拍卖会
估价：RMB350,000—550,000
成交价：RMB862,500

作品皆有长题，详细记载了供奉人唐英的官职、供奉的时间和地点。这批
作品无论是胎釉、造型、青花发色、纹饰画工都代表了当时瓷器烧造的最
高水准，且又是用于祭祀神灵，意义非凡，因此应是唐英亲自设计监造。
目前未见五件成套者传世，仅有花觚、烛台及残器数件，具体资料详见下
文唐英自用供器传世品统计表：

唐英自用供器传世品统计表

器型	烧造年代	供奉地点	出处
烛台一件	雍正十二（1734）五月五日	题识未说明	上海博物馆
花觚一对	乾隆五年（1740）十月朔日	东直门外坝北长店村村四道街东口天仙圣母殿	上海博物馆
花觚一件	乾隆五年（1740）十月朔日	东直门外坝北长店村村二道街西口地藏王菩萨殿	香港苏富比1989年5月16日春季拍卖会"英国铁路基金会收藏重要中国瓷器、玉器工艺品"专场第39号（成交价3,300,000港币）
烛台一对	乾隆五年（1740）十月朔日	东直门外坝北长店村村二道街东口观音大士殿	德国希德深罗密博物馆（Roemer Museum）
花觚一对	乾隆五年（1740）十月朔日	东直门外坝北长店村村二道街东口观音大士殿	西藏博物馆
炉一件（图2）	乾隆六年（1741）春月榖旦	东坝天仙圣母案前	北京拍卖会2009年11月23日第2103号（成交价8,512,000元）
花觚一件	乾隆六年（1741）春月榖旦	东坝天仙圣母案前	中国国家博物馆
花觚一件（图3）	乾隆六年（1741）春月榖旦	东坝天仙圣母案前	香港徐氏艺术馆
花觚一件（图4）	乾隆六年（1741）春月榖旦	东坝天仙圣母案前	香港苏富比2007年4月8日春季拍卖会第508号（成交价11,520,000港币）
烛台一对（图5）	乾隆六年（1741）春月榖旦	东坝天仙圣母案前	英国维多利亚与阿尔伯特博物馆
烛台一件（图1）			中国嘉德四季第48期拍卖会
花觚一件	乾隆六年（1741年）五月端月午节	京都朝阳门外东岳大帝案前	北京拍卖会1996年6月30日第985号（成交价3,080,000元）

图 2 清乾隆 青花炉（残件）
北京拍卖会 2009 年 11 月第 2103 号
成交价：RMB8,512,000

图 3 清乾隆
青花花觚
香港徐氏艺术馆藏

图 4 清乾隆 青花花觚
香港苏富比 2007 年春季
拍卖会第 508 号
成交价：HKD11,520,000

图 5 清乾隆 青花烛台（一对） 英国维多利亚与阿尔伯特博物馆藏

据表格资料可知，除雍正十二年（1734）作品外，其余作品按照供奉时间和地点不同可分为五组：

第一组：乾隆五年（1740）十月朔日供奉于东直门外坝北长店村村四道街东口天仙圣母殿，见有花觚一对传世；

第二组：乾隆五年（1740）十月朔日供奉于东直门外坝北长店村村二道街西口地藏王菩萨殿，见有花觚一件传世；

第三组：乾隆五年（1740）十月朔日供奉于东直门外坝北长店村村二道街东口观音大士殿，见有花觚和烛台各一对传世；

第四组：乾隆六年（1741）春月榖旦供奉于东坝天仙圣母案前。这一组唐窑供器烧造数量最多，情况也最为复杂，有明确题识的即见有炉一件（图2）、花觚三件（图3、4）、烛台一对（图5）传世。经对比可发现三件花觚的纹饰都有少量但明显的不同，说明此组供奉于东坝天仙圣母案前的供器在当时烧造了至少三套。而炉和烛台一对则分别从属于三套之中。仅对比目前公布资料可知，这种同一时间为同一庙宇烧造多套供器的现象仅在本组中出现。

第五组：乾隆六年（1741）五月端月午节供奉于京都朝阳门外东岳大帝案前，见有花觚一件传世；

唐英的瓷器纹饰设计

本文所述烛台（图1、6，后文称"本品"），实为烛台的上半部分，其底部蜡盘宽厚，口沿外撇，通过极富韵律感、线条起伏多变的圆柱与灯盏托盘相连。蜡盘与灯盏托盘为分段烧造，拼接组装而成。烛台胎质细腻，釉汁晶莹，通体纹饰以青花绘就，自顶端灯盏托盘至底部蜡盘内外分绘回纹、蕉叶、双犄牡丹、折枝莲花、如意云头、卷草朵花等多层纹饰，青花发色沉着，仿宣窑点染笔意浓重，颇具雍正遗风。纹饰的布局和折枝莲花的画法带有强烈的洛可可艺术风格，说明此时唐英本人在瓷器纹饰的设计上也已经充分接受了西洋艺术装饰手法。

据上表可知，流传至今的唐英自制烛台共有两对，分别为乾隆五年（1740）十月朔日供奉于东直门外坝北长店村村二道街东口观音大士殿（德

图 6　俯视图、侧视图

图 7　本品与维多利亚与阿尔伯特博物馆藏品细节对比图

国希德深罗密博物馆藏品）；乾隆六年（1741）春月榖旦供奉于东坝天仙圣母案前（图5）。两对烛台在纹饰选择上有很大不同，显然为不同批次的作品。再与本品进行对比可发现，维多利亚与阿尔伯特博物馆藏品与本品在蜡盘口沿外侧的卷草朵花纹、口沿内侧的如意云头纹和圆柱上方的蕉叶纹等处完全一致，唯圆柱下方纹饰有别，前者装饰折枝莲花，本品则采用双犄牡丹（图7）。这种"主体相同，细节略有不同"的装饰区别，与上述排比中同样在乾隆六年（1741）春月榖旦供奉于东坝天仙圣母案前三件花觚（中国国家博物馆藏品、香港徐氏艺术馆藏品、香港苏富比拍品）的差别完全一致。因此我们可以确定，本品应与维多利亚与阿尔伯特博物馆藏品一样都是乾隆六年（1741）春月榖旦供奉于东坝天仙圣母案前，与三件花觚之一为同一套。

　　除雍正十二年（1734）作品外，唐英监造的这批青花五供集中烧造于乾隆五年（1740）末到乾隆六年（1741）初，这其中隐藏着国事、家事等多重原因。自乾隆五年（1740）始，唐英的事业可谓充满波折，御窑厂烧制瓷器由于屡屡不合皇帝心意，致使唐英被严加申斥。乾隆曾在批示中提到："数年以来所烧造者，远逊雍正年间所烧者。"家室方面，唐英婚姻不幸，前两任妻子都不幸早逝，续弦于乾隆五年（1740）10 月怀孕，唐英对此必然极为重视；唐英的二儿子即将要在次年的科举考试中登场；最重要的是，乾隆六年（1741）适逢这位大名鼎鼎的督陶官的六十寿辰。

结合这些原因，唐英在此时烧造这批供器，既有为自己祝寿祈福，盼望仕途顺利的期待，又有祈求神灵保佑妻子平安生产，期望二子高中（最终成功及第）的愿望。六十岁的唐英，其创作力和对于瓷器的理解正处于人生的巅峰阶段，抱着极其虔诚的心态，他动用了包括当时御窑厂的一切资源，创造出了这一系列前无古人后无来者的青花五供。

参阅

[1] 吕章申主编：《海外藏中国古代文物精粹——英国国立维多利亚与阿尔伯特博物馆卷》，时代出版传媒股份有限公司、安徽美术出版社，2014 年，第 154、155 页，图 87。

[2] 中国国家博物馆编：《中国国家博物馆馆藏文物研究丛书·瓷器卷（清代）》，上海古籍出版社，2007 年，第 114、115 页，图 76。

[3] 《清瓷萃珍——清代康雍乾官窑瓷器》，南京博物院、香港中文大学文物馆，1995 年，图 75。

莲纹的青花缘

原载《嘉德通讯》

莲纹无疑是千百年来最为流行的纹饰之一，在瓷器、玉器、竹木雕刻等艺术品上，它缠转不断的身姿无处不在，寓意美好生活的同时，也在陶冶着欣赏者的心灵。特别是在青花瓷器上，莲纹更是散发出无穷的艺术魅力，在蓝白映照间体现着莲花高洁优雅的神韵。

缠枝莲

作为佛教文化的重要载体，在早期器物上的莲花纹饰更多具有宗教意味。以莲花为饰装点器物始自周代，到了宋代，莲纹才逐渐脱离宗教的影响，成为纯粹的装饰性纹饰。从传世的宋代磁州窑器物可见，这一时期的缠枝莲纹多为大花大叶，枝繁叶茂，具有明显的装饰性。

元代缠枝莲纹继承了宋代特点，花体较大，花形饱满，瓣与瓣之间及花蕊均不填满色，留出一线白边，使花朵的结构清晰。经过变形处理的主叶呈葫芦形，叶纹装饰性很强，为这一时期所独有。在结构布局上，元代缠枝莲续充分注意了"青"与"白"的关系，青花与白地比例均匀，画面满而不乱（图1）。

在传世元青花器物中，缠枝莲大多作为辅助纹饰装饰在盘、碗的内外口沿和瓶罐的肩、颈部，但有时也用作主题纹饰。及至明清两代，缠枝莲纹或者作为主题纹饰，或者作为辅助纹饰装饰瓷器，并以刻、划、印、堆塑、

图 1　元代　青花缠枝牡丹纹摩羯鱼耳大罐
中国嘉德 2011 年春季拍卖会
估价：RMB30,000,000—50,000,000
成交价：RMB36,225,000

图 2　元代　缠枝莲纹瓶
美国大都会艺术博物馆收藏

镂空、彩绘等各种技法表现（图2）。

　　青花瓷的创烧，让缠枝莲纹找到了最能彰显神韵的载体。优质钴料在透明釉下散发出明艳蓝色，青花发色与白瓷的和谐对比，让缠枝莲纹更显温婉雅致沉静（图3）。历朝历代的青花钴料来源及配方不同，青

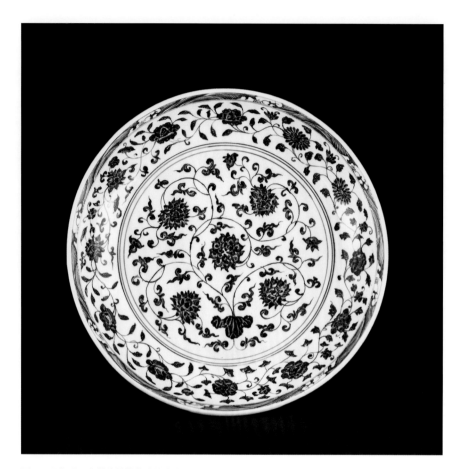

图 3　明永乐　青花缠枝莲花卉纹大盘
中国嘉德 2011 年春季拍卖会
估价：RMB2,000,000—3,000,000
成交价：RMB4,025,000

花钻料中所含的微量铁、锰等元素，使其呈色不是纯粹单一的蓝色，而常微带一点绿意或紫色，形成色彩的淳厚含蓄。彩绘时料笔中所含料水的多少、浓淡，运笔的急缓，使其产生微妙生动的不同色阶和丰富的色彩情调。

青花缠枝莲纹有极强的图案美和设计美，充满了精心设计与自然灵动的和谐。端庄、高雅、中正、平和，又不刻板，内敛沉静又收放自如，青花缠枝莲的很多品性符合文人士大夫为人处世的分寸感，体现了儒家的中庸思想；而寻常百姓则喜欢其清爽、雅致、悦目、朴实、自然、肆意、吉祥。

图 4　清乾隆　青花胭脂红缠枝莲纹赏瓶
中国嘉德 2003 年秋季拍卖会
估价：RMB200,000—300,000
成交价：RMB1,628,000

　　缠枝莲纹中的花卉有正侧、俯仰的变化，盛开、半开、花苞的不同，叶子有大小正反之别（图 4）。作主题纹饰时以花为重点，突出花的造型，作为辅助纹饰时则不强调花叶或枝，各部分和谐统一。花与花之间不宜牵靠，叶与叶之间很少交搭重叠，总是保持一定的距离空隙，无论多繁复，花叶枝都不繁乱。所有的枝条都以曲线穿连，出枝的方向保持一左一右，一上一下，且出枝时总是以锐角离开主枝而后顺着主枝方向以曲线顺延，在离开原枝时作与其方向动势相反的对比运动，即使被花叶遮挡依然可以看到清晰的运动路线，以花、叶、芽苞收枝，既符合自然情理又不受自然形态束缚。

图 5　明永乐　青花折枝花卉纹菱口大盘
中国嘉德 2005 年秋季拍卖会
估价：RMB2,200,000—2,800,000
成交价：RMB2,420,000

　　明代的青花缠枝莲纹器物，多采用二方连续、四方连续形式的缠枝莲纹，
布局疏朗，空间宽阔，花叶较之元代同类纹饰明显变小，花头的布位和主
枝的姿态灵活多变。除了单纯的缠枝莲外，明代还有大量与莲纹合绘的图案，
如龙穿莲、凤穿莲、缠枝莲托八宝、缠枝莲托梵文等（图 5）。

图6 清乾隆 青花缠枝莲贯耳尊
中国嘉德 2011 年秋季拍卖会
估价：RMB5,000,000—8,000,000
成交价：RMB9,430,000

　　清代缠枝莲纹一改明代疏朗自然的风格，开始向繁密、规整、对称发展（图6）。乾隆时期的缠枝莲纹瓷器装饰雍荣华丽，刻意求精，但过分追求规整和工细导致了繁冗和堆砌，在斑烂的色彩、华贵的外表下，隐含着僵化、呆板和滞气。

图7　清道光　松石绿地粉彩缠枝莲寿字葫芦瓶（一对）
中国嘉德 2011 年春季拍卖会
估价：RMB3,000,000—5,000,000
成交价：RMB17,250,000

　　清中后期民窑青花缠枝莲纹则常加绘双喜字，莲叶细密繁杂，除少数绘制较精外，大多画工粗率，在艺术上逐渐也不能和前期相比，但作为一种深受人们喜爱的传统题材仍广为流行，特别是在粉彩瓷器上展现出独特的魅力（图7）。

一把莲

　　"一把莲"，也称"把莲纹"，是指在器物上绘制一束用缎带扎起来的莲花、莲蓬和莲叶的画面。以莲谐音"廉"，表示崇尚高官廉洁之风骨，以一茎婀

图8　明永乐　青花一把莲盘　台北故宫博物院藏

娜多姿的莲花为造型的"一品清廉"纹多用于雕刻玉件和文房用品，此纹亦多用在瓷器、犀角雕等器物之上。这种纹饰最早出现在北宋耀州窑瓷器中，元朝普遍用于各类青花瓷。其形式有置于水波中的"一把莲"，交错对称的"二把莲"，"三分天下"的"三把莲"及"散莲"等。其高峰期是在明朝永宣时期，"一把莲"因寓意清廉、高洁，成为明青花的主流纹饰（图8）。它还深受欧洲人喜爱，在"克拉克瓷"中有相当多"一把莲"纹样的瓷器远销荷兰、比利时、德国及英国，是当时外销瓷的一个重要装饰主题。

图 9　明永乐　青花一把莲纹大盘
中国嘉德 2010 年秋季拍卖会
估价：RMB4,000,000—6,000,000
成交价：RMB4,480,000

图 10　清道光　粉彩一路连科洗
中国嘉德 2011 年秋季拍卖会
估价：RMB200,000—400,000
成交价：RMB230,000

　　青花"一把莲"的器型主要以盘为主，也有盒、罐、碗、壶等生活用器。外销瓷中的"青花一把莲"，主要器型有广口盘、深口盘、将军大罐等观赏器，真正意义上的实用器极少。"一把莲"的纹样很多，几乎没有两件完全相同，元明两代一般都是在盘心绘把莲纹，外壁绘仰莲纹。清朝的"一把莲"纹样则出现很多变化，盘心的把莲束越来越粗、越来越密，多了几分写实，少了几分飘逸；外壁也不再绘缠枝莲纹，代之以圆点纹和枝豆纹，而且盘心和盘壁的留白面积也较元明时期大为减少。

　　在中国嘉德 2010 年春季拍卖会中，曾以 448 万元成交了一件明永乐一把莲青花大盘（图 9）。此件盘心绘莲花、莲蓬等水生植物，以缎带束在一起，造型清秀灵巧。画工细腻雅致，莲花柔美风姿，尽显笔端，流露出浓厚的笔墨趣味。内口沿绘卷草纹，内壁绘缠枝花卉纹，外壁绘回纹、缠枝花卉、卷草纹。构图疏朗有致，纹饰线条流畅，画意清新。此盘端庄大气，胎质坚致细腻，釉质肥腴，青花色泽艳丽，色浓重处呈黑色锈斑，高洁雅致，展现出永乐青花清新明快的艺术魅力。

　　因"鹭"与"路"同音，所以将鹭鸶与莲花置于一处的纹饰称为"一路清廉"，同样寓意为官的正直廉洁。同时，随着科举制度在明清两代的完善，及读书人对科举入仕的期望，这一纹饰也可称为"一路连科"，附加了科考升迁之意。"一路清廉"真正流行是在清代，从拍场成交亦可见装饰这一题材的器物，也多出自清代（图 10—12）。

图 11　清光绪　粉彩鹭莲图渣斗　故宫博物院藏

图 12　清同治　荷花鹭鸶鱼缸图样　故宫博物院藏

图13 元代 青花鱼莲纹罐 故宫博物院藏

鱼戏莲

宋代，莲纹脱离了宗教影响后，成为优美的纯装饰性题材，其中它作为象征生殖崇拜、男女情爱的隐喻纹饰，在表现繁衍生息的祥瑞图案中担当重要作用，人们通常用鱼、鸟、子等形象素材与其组合成各种纹样来表达完整的意义，以荷塘风光、婴戏莲花、鱼莲纹等各种极富民间生活气息的形式出现。在民间广为流行，多见于婚嫁的居室装饰、器具、服饰用品等，最为世人所熟知的莫过于"鱼戏莲"。

在陕北的民间剪纸造型艺术中，"鱼戏莲"图案细分为两种——"鱼戏莲"和"鱼钻莲"（或"鱼唆莲"）。二者在造型上的区别是，前者鱼在莲叶上或水面上，意为恋爱；后者则是鱼在莲叶下去咬莲茎，意为结婚。闻一多先生曾对"鱼戏莲"作过一个著名的解释："用鱼喻男，莲喻女，说鱼与莲戏，实等于说男与女戏。"在陕北民谣中有"鱼儿戏莲花，夫妻两个没麻瘩"，"鱼儿闹莲花，两口子上炕结缘法"的说法。

鱼戏莲纹饰中，又因"莲"与"连"同音，寓意"连年"，象征着持续、久远，被引申为家庭长久富足、富裕的意思（图13）。在当时的

图14　元代　青花鱼莲纹大盘　大英博物馆藏

定窑、磁州窑、耀州窑、景德镇窑、龙泉窑、德化窑等制品中，都有风格各异的鱼莲纹，所涉及的瓷器种类包括青瓷、白瓷、彩瓷等，其中具有代表性的器物有瓷枕和盘子。这类器物上的鱼莲纹，采用了绘、印、刻、划等多种装饰技法，生动再现了"鱼戏莲叶间"的情景。如宋代耀州窑刻花和印花青瓷中有很多生动的纹饰，莲花与荷叶分布在"清且涟漪"的水波中，与游鸭、鸳鸯、游鱼相伴为伍，组成"水波莲花""双鸭戏莲""莲花双鱼""鸳鸯游鱼戏莲"等富有动感的画面。画面中荡漾的水波，盛开的莲花，微微飘逸的荷叶，及浮游自如嬉戏其间的游鱼水鸟，形象写实而富有情趣。

元代，写实的鱼莲纹成为经典主题之一，如大英博物馆中收藏有一件鱼莲纹大盘，足有二尺见方，画面相当传神，四周水草丰盛，中间鳜鱼生动。外圈的莲花纹构图也十分巧妙，莲"中通外直，不蔓不枝"（图14）。

图15 明万历 青花鱼藻纹大缸
中国嘉德 2009 年秋季拍卖会
估价：RMB250,000—350,000
成交价：RMB358,400

　　明清时期瓷器上的鱼莲纹以青花、五彩、釉里红绘制为主，有单、双尾，或鲭、鲤、鲫，或鲭、鲢、鲤、鳜四鱼相配，富有吉祥寓意（图15—17）。

　　在中国嘉德 2012 年春季拍卖中，一件明嘉靖五彩鱼藻纹大罐以 1495 万元高价成交（图16）。此罐贵为嘉靖五彩御瓷之翘楚，历来为藏家所推崇。其造型敦实而秀润，肩部装饰一周五彩变形莲瓣纹，与颈部芭蕉叶相呼应。腹部主题纹饰为池塘鱼藻纹，画中五彩金鱼浮游其中，鲜活跳跃于浮萍和水草之间，悠然自在，形态各异，水草妖娆浮动，虽无画水，而水自然而现。其施彩风格豪迈，繁缛华丽，色泽浓妍，变化丰富，红彩苍雅深沉，一如枣皮之色，为典型的嘉万彩瓷之特征，绿彩厚润而翠意闪现，极具厚实质

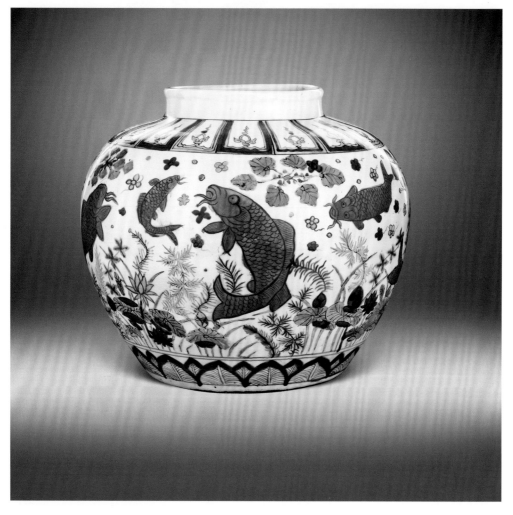

图 16　明嘉靖　五彩鱼藻纹大罐
中国嘉德 2012 年春季拍卖会
估价：RMB9,000,000—15,000,000
成交价：RMB14,950,000

图17　明万历　五彩鱼藻纹花口洗
中国嘉德 2010 年秋季拍卖会
估价：RMB2,000,000—3,000,000
成交价：RMB3,024,000

图 18　清雍正　蓝地白花鱼莲纹盉碗一对
中国嘉德 1995 年秋季拍卖会
估价：RMB500,000—700,000
成交价：RMB2,090,000

感，绝无晚清仿品之飘浮黯淡，黄彩鲜明而不俗，仿若金箔贴附，绘饰诸
鱼所用的橙红彩颇为独特，沉凝内敛，是由矾红与黄彩相混而成。总而言之，
诸彩相配得当，相互辉映，显现嘉靖御窑五彩红妍绿翠的艺术特色，一如
前人赞誉："龙凤花草各肖形容，五彩玲珑极尽华丽。"

　　中国嘉德 1995 年秋季拍卖会中曾以 209 万成交的一对清雍正蓝地白
花鱼莲纹盉碗（图 18）。该碗侈口圈足，外壁以蓝釉为底色，留白刻莲
花游鱼。四只游鱼分别为不同姿态，形象生动。器盖也装饰以同样图案，
中间以天鸡为钮。该碗内及盖素白，边沿分别饰以双蓝图。碗心内双蓝
圈书"大清雍正年制"六字三行楷书款，碗盖内亦书"大清雍正年制"
六字三行楷书款，颇为少见。

雍正时期的珐琅彩瓷器

吕成龙

　　珐琅彩瓷器几乎都是适合把玩的小件器物，不见大器。由于珐琅彩瓷器的制作工艺非常考究，烧造亦受到宫廷的严格控制，致使其成本高、产量低，成为专供皇帝赏玩的艺术珍品。洁白如玉的白瓷胎、文人气息浓郁的画面设计、精湛的绘画技艺使珐琅彩瓷器成为清代瓷器中最为名贵的品种。

　　珐琅彩瓷器在清代宫廷档案中被称作"瓷胎画珐琅"，是中国瓷器生产工艺发展到顶峰时期的产物，堪称中国古代彩绘瓷器中的佼佼者。它是清代康熙时期在皇帝的授意下，将从欧洲传入的金属胎画珐琅技法成功移植到瓷胎上而创烧的釉上彩瓷新品种。清代的珐琅彩瓷器以雍正、乾隆时期产量最大，乾隆以后即少有制作。制作珐琅彩瓷器所用白瓷胎由景德镇御窑厂提供，彩绘和彩烧则由宫廷画家和专门技术人员在清宫养心殿造办处和圆明园造办处内完成。

康熙时期

　　瓷胎画珐琅的创烧，与康熙皇帝对当时从欧洲传入的铜胎画珐琅的喜爱有密切关系。在康熙皇帝的授意和中外匠师的共同努力下，宫廷造办处珐琅作先是掌握了金属胎画珐琅制作技术，制作出一批具有浓郁宫廷色彩

图 1　清康熙　珊瑚红地珐琅彩九秋同庆小碗
中国嘉德 2011 年秋季拍卖会
估价：RMB3,000,000—5,000,000
成交价：RMB4,370,000

的金属胎画珐琅器。在此基础上，造办处珐琅作又尝试着将这种技法移植
到瓷胎上，经过反复试验，最终成功创烧出瓷胎画珐琅，即今人所称的"珐
琅彩瓷器"。

　　康熙时期的珐琅彩瓷器因处于初创阶段，从施彩、纹饰到款识，多
摹仿当时铜胎画珐琅效果（图 1）。由景德镇御窑厂提供的白瓷仅在器物
的里面和圈足内施釉，器物的外壁则涩胎无釉，这就是人们所俗称的"反
瓷"。外壁画面大多以黄、蓝、红、豆绿、绛紫等色彩作地，再利用各
种颜色的彩料以双钩敷彩技法描绘缠枝牡丹、月季、莲花等花卉图案，
且有花无鸟。也有在四个花朵中分别填写"万""寿""长""春"等
祝寿语者（图 2）。

　　康熙珐琅彩瓷器的特点是构图严谨、设色妍丽、物像逼真、惟极能似。
一枝一花一叶的穿插安排，均合乎植物生态原理，工整中不失潇洒，极尽
写生之妙。所用彩料系从欧洲进口，所用画稿则由宫中造办处下属的如意
馆提供。由于施彩较厚，致使纹样有堆凸之感，且出现细小裂纹。康熙时
期的珐琅彩瓷器也有个别直接在宫中旧藏明代永乐白瓷盘上施彩者。康熙

图 2　清康熙　御制珐琅彩万寿长春碗　大英博物馆藏

图 3　清康熙　珐琅彩牡丹纹碗　大英博物馆藏

图 4　清康熙　宜兴窑珐琅彩盖碗　台北故宫博物院藏

时期瓷胎画珐琅的款识均署在器物外底，大多为"康熙御制"四字双行胭脂红色或蓝色图章式堆料款，围以双方框，框线外粗内细（图 3）。个别器物如故宫博物院收藏的紫地珐琅彩缠枝莲纹瓶，外底阴刻"康熙御制"四字双行款，外围阴刻单线方框。也有个别器物如台北故宫收藏的康熙瓷胎画珐琅缠枝牡丹纹菱花式盘（永乐白瓷胎），外底涩胎上虽也署胭脂红彩楷体"康熙御制"四字双行款，但外围的不是双方框，而是双线圈，圈线外粗内细。

　　康熙时期还创烧一种宜兴紫砂胎画珐琅器，当时被称作"宜兴胎画珐琅"（图 4）。造型有执壶、提梁壶、盖碗、盖盅、印泥盒等。在褐色地上直接描绘纹饰，装饰题材全为花卉。康熙朝宜兴胎画珐琅器除个别不署款外，一般都在外底署楷体"康熙御制"四字双行款，四字或作双行排列，外围双方框，框线外粗内细；或作"上下右左"钱文排列，外围双圆圈或双海棠花形边栏，框线均外粗内细。署款所用珐琅料，大都为金黄色料。用金

图 5　清康熙　五彩花鸟万寿无疆图盘
中国嘉德 2008 年春季拍卖会
估价：RMB900,000—1,200,000
成交价：RMB1,008,000

黄色珐琅料写款，可能是因为金黄色能与褐色紫砂地形成鲜明对比，而若以褐色地衬托胭脂红色或蓝色料款则不鲜明。个别宜兴紫砂胎画珐琅器在外底署款处先涂出一块方形白地、再在白地上以蓝料彩署款，即是上述推测的最好证明。

康熙时期，已经出现个别在当朝白瓷或宫中旧藏明代永乐时期白瓷上直接描绘纹饰的珐琅彩瓷器，这种珐琅瓷器虽失去色地画珐琅的华丽感，但却呈现出清新典雅的艺术效果，为雍正、乾隆时期大量烧造在白釉上直接施彩的珐琅彩瓷器奠定了基础（图 5）。

图 6　清雍正　珐琅彩万花锦纹碗
中国嘉德 2018 年春季拍卖会
估价：RMB6,000,000—10,000,000
成交价：RMB8,970,000

雍正时期

雍正皇帝对珐琅彩瓷器的生产给予了更多的关心，并提出颇为严格的要求。雍正元年（1723），随着宫廷造办处人员的扩充，以及在雍正帝最信赖的怡亲王主持下，珐琅彩瓷器的烧造在宫廷造办处珐琅作积极展开。但从清代档案记载看，雍正六年以前珐琅彩瓷器的烧造进展缓慢，雍正皇帝对此也不甚满意。究其原因，可能是因珐琅彩料需依赖从西洋进口，数量有限，必须谨慎使用，不允许烧造失败所致。

如《内务府造办处各作成做活计清档·珐琅作》（雍正二年）载：

> 二月初四日，怡亲王交填白托胎磁酒杯五件(内二件有暗龙)。奉旨：此杯烧法琅。钦此。于二月二十三日烧破二件。总管太监启知怡亲王。奉王谕：其余三件尔等小心烧造。遵此。于五月十八日做得白磁画法琅酒杯三件，怡亲王呈进。

又如《内务府造办处各作成做活计清档·记事录》（雍正四年）载：

> 雍正四年八月十九日，据圆明园来帖内称，郎中海望奉旨：此时烧的法琅活计粗糙、花纹亦甚俗，嗣后尔等务必精细成造。钦此。

雍正六年以后，在雍正皇帝的直接干预下，随着造办处自炼珐琅料的成功，以及愈来愈多的宫廷书画家参与珐琅彩瓷器的绘画和写字，珐琅彩瓷器的生产遂获得较快发展（图 6）。

造办处自炼珐琅料的成功，不仅摆脱了珐琅彩瓷器生产因依靠进口料而可能产生的捉襟见肘的窘态，而且新增加的彩色品种可以使画珐琅人在表现物像时更加得心应手。据造办处档案记载，当时炼制珐琅料有一个得力的班子，宋七格负责炼料全部工作，邓八格具体操作，胡大友吹釉，吴书是技术人员。另外，怡亲王允祥、郎中海望、员外郎沈喻和唐英等主要负责管理工作。

唐窑珐琅彩

其中特别值得一提的是唐英（1682—1756），当时在造办处主要负责管理匠役工作。如《内务府造办处各作成做活计清档记事杂录》（雍正元年）载：

> 十一月二十六日，六品官阿泰来说，为慈宁宫画画人等散懒滑随事启怡亲王。奉王谕：着沈喻照唐英例，每日稽查伊等。如有不来者，即行启我知道。

雍正六年正月初九日，内务府造办处召募各作匠艺人十三名，由郎中海望、员外郎沈喻、唐英启怡亲王，发给每人每月二两银。雍正六年正月十二日，郎中海望启称："造办处承造活计领取银两等事关系甚重，祈加派官员画押办事。"怡亲王谕："着员外郎唐英画押办事。"雍正六年七月，唐英曾为画珐琅人林朝楷因病不能工作一事启奏怡亲王，即《内务府造办处各作成做活计清档·杂录》（雍正六年）载：

> 七月十一日，员外郎唐英启称怡亲王，为郎士（应为"世"，笔者注）宁徒弟林朝楷身有劳病，已递过呈子数次，求回广调养，俟病好时，再来京当差，今病渐至沉重，不能行走当差等语。奉王谕：着他回去罢。遵此。

唐英既是造办处的管理人员，有时也被指定画瓷样和绘画，如《内务府造办处各作成做活计清档·玉作、牙作》（雍正元年）载：

二月十三日,怡亲王交定瓷小瓶一件(乌木座)、嘉窑小扁瓷盒一件、官窑花瓶一件、竹节式瓷壶一件、定瓷炉一件。奉王谕:俱着唐英照样画样。遵此。

二月十四日,怡亲王交假官窑瓷瓶一件。奉王谕:交唐英画样。遵此。

《内务府造办处各作成做活计清档·画作》(雍正三年)载:

十一月初二日,据圆明园来贴内称,郎中保德来说:九洲清宴上仙楼的楼梯北边贴的美人画一副。奉旨:画的款式甚好,尔仍着唐英画美人,其衣纹照先画的衣纹样画。钦此。

说明唐英画的美人画颇得雍正皇帝欢心。

到了雍正六年秋八月,唐英便以内务府员外郎头衔被派往景德镇御窑厂佐理陶务。

由于唐英在内务府供职多年,在珐琅彩瓷器烧造方面积累了丰富经验,对雍正皇帝的审美趣味和宫中生产珐琅彩瓷器需要何种白瓷胎亦了如指掌,因此他到景德镇后,向宫廷造办处提供了大量供烧珐琅彩瓷器用的白瓷胎。从造办处档案记载看,雍正三年至五年,画珐琅人有宋三吉,是来自景德镇的画瓷器工匠;还有张琦、邝丽南,是广东画铜胎珐琅器的工匠。当时干活认真、画得好者,还得到雍正皇帝奖赏。如《内务府造办处各作成做活计清档·记事杂录》(雍正十年)载:

十月二十八日,司库常保、首领李久明、萨穆哈奉旨:珐琅画青山水甚好。钦此。于十二月二十八日,栢唐阿邓八格、宋七格来说,内大臣海望谕:邹文玉所画珐琅,数次皇上夸好,应遵旨用本造办处库银赏给十两。遵此。即将银十两赏画珐琅人邹文玉。讫。

雍正皇帝的品味

从造办处档案记载看,雍正皇帝十分欣赏用单一料彩描绘的水墨和蓝色山水两个珐琅彩瓷器品种。

至于为珐琅彩瓷器书写底款者，从档案记载来看，应是原武英殿修书处的写字人、后调到造办处效力的徐国正。《内务府造办处各作成做活计清档·记事录》（雍正五年）载：

> 八月三十日，据圆明园来帖内称，本月二十二日，郎中海望为造办处无写篆字人启称怡亲王：今有写宋字人徐国正会写篆字，人亦老实，欲给徐国正工食食用，令其在造办处效力行走等语。奉王谕：尔等酌量料理。遵此。本日郎中海望、员外郎沈崎同议得每月给徐国正工食银五两。记此。

雍正珐琅彩瓷器上的诗句，多为戴临题写。戴临为武英殿待诏，档案记载雍正皇帝多次降旨，命戴临在珐琅彩瓷器上题写诗句。如《内务府造办处各作成做活计清档·珐琅作》（雍正九年）载：

> 四月十七日，内务府总管海望持出白磁碗一对。奉旨：着将此碗上多半面画绿竹，少半面着戴临撰字言诗诵题写。地章或本色、或合配绿竹淡红色，或何色，酌量配合，烧珐琅。记此。于八月十四日画得有诗句红梅花瓷碗一对。司库常保呈进。讫。（图 7）

值得一提的是乾隆八年唐英奉旨所编《陶冶图编次》上的文字说明，也是由戴临书写。唐英到景德镇御窑厂后，除了向造办处提供白瓷以外，还推荐画画人到造办处供职。

如《内务府造办处各作成做活计清档·珐琅作》（雍正七年）载：

> 闰七月初九日，据圆明园来帖内称，本月初八日，怡亲王交年希尧送来画珐琅人周岳、吴士琦二名、吹釉炼珐琅人胡大有一名（并三人籍贯小摺一件）、细竹画笔二百枝、土黄料三斤十二两、雪白料三斤四两、大绿一斤、白炼矾红一斤、白炼黑钧料八两（随小摺一件）。郎中海望奉王谕：着将珐琅料收着有用处用，其周岳等三人着在珐琅作行走。遵此。于本月初十日将年希尧送来画珐琅人三名所食工银一事，郎中海望启怡

图 7　清雍正　瓷胎画珐琅节节长春白地盅
口径：6.25 厘米　高 4.45 厘米
释文：数枝荣艳足，长占四时春　钤"凤采"印
款识："雍正年制"蓝料楷书款
中国嘉德 2016 年春季拍卖会
估价：RMB18,000,000—25,000,000
成交价：RMB22,425,000

亲王。奉王谕：暂且着年希尧家养着，俟试准时再定。遵此。

当时负责淮安关税务的年希尧只是遥领景德镇窑务，这些画画人名义上是年希尧送来，实际上是由唐英所挑选。

唐英本人就是画家，经他挑选的画画人，善画是一方面，更重要的是具备在瓷器上绘画的丰富经验。这些人进入造办处后，经与宫廷画家切磋配合，使珐琅彩瓷器的生产日趋精进。

从传世品看，雍正时期的珐琅彩瓷器除了少数如康熙朝珐琅彩瓷器那样以色地装饰外，大多是在洁白如雪的釉面上直接彩绘。器物造型有执壶、瓶、碗、盘、碟、盅等。均隽秀典雅、胎体轻薄，有的达到半脱胎的程度。这些白瓷胎除了极个别使用清宫收藏的明代永乐甜白釉瓷外，绝大多数是由当时景德镇御窑厂特制提供。唐英到景德镇后向宫中提供了大量供烧珐琅彩瓷器用的白瓷。其中雍正七年一次就提供四百六十件，是历次当中最多的一批。《内务府造办处各作成做活计清档·珐琅作》（雍正七年）载：

二月十九日，怡亲王交有釉水瓷器四百六十件（系年希尧烧造）。郎中海望奉王谕：着收着。遵此。于本日将瓷器四百六十件交栢唐阿宋七格。讫。于七年八月十四日，烧造得画珐琅瓷碗三对，画珐琅瓷碟二对，画珐琅酒圆四对。郎中海望呈进。讫。于七年九月初六日烧造得画珐琅碗二对、画珐琅瓷盘一对、画珐琅碟二对、画珐琅茶圆二对。郎中海望呈进。讫。于七年十二月二十八日烧造得画珐琅碗四对……

诗与款

雍正珐琅彩瓷器在图案装饰方面，一改康熙珐琅彩只绘花卉、有花无鸟的单调局面，出现大量描绘院画风格的花鸟、花卉、竹石、山水等图案。画面空白处大都题写书法极精、内容文雅的诗句，或五言或七言，一般为两句，也有题一句者。

画山水题"树接南山近，烟含北渚遥"或"一江绿水浮岚影，两岸青山夹翠涛"；画燕子题"玉剪穿花过，霓裳带月归"；画兰花题"云深瑶岛开仙径,春暖芝兰花自香";画牡丹题"嫩蕊包金粉,重葩结绣云";画莲花题"妆凝朝日丽,香逐晚风多";画芙蓉桂花题"枝生无限月,花满自然秋";画凤凰题"盛世凤凰应纪历,羽仪四佐协纲常"。诗句均为行草书体,笔画流畅,与器型、纹饰搭配,相得益彰。

经仔细核查后发现,雍正珐琅彩瓷器上的诗句系出自西汉、隋、唐、宋、元、明代诗词。这些诗、词句,有的全句引用,有的略加添作、修改。最多见的是引自《全唐诗》的诗句。唐代诗人李峤、杜牧、韩琮、韩溉、郑谷、骆宾王、朱庆余、宋之问、武元衡等的诗句在雍正珐琅彩瓷器上均有所见。

诗句的引首和末尾均配以内容文雅的闲章,章之形状有椭圆形,也有长方或方形。用料有矾红和胭脂红彩两种,矾红彩印较平滑,颜色接近橙红色,胭脂红彩印则有凸起感。绝大多数器物上诗句引首钤一印,末尾钤两印,也有少数器物上的诗句引首无印,而只在句末钤印(图8、9)。闲章内容见表(表1)。

表1:引首句末对照

引首	句末	引首	句末
佳丽	金成、旭映	凤采	寿古、香清
先春	寿古、君子	政化	升平、奕世
佳丽	碧霞、旭映	佳丽	寿古、香清
寿如	山高、水长	泰和	金成、旭映
凤采	彬然、君子	佳丽	君子、旭映
先春	寿古、香清	高致	碧露、秋水
寿如	德高、志远	佳丽	翠铺、霞映
佳丽	清香、君子	寿如	四时、长春
先春	寿古、清香	佳丽	寿奇、香逸
三秀	四时、长春		

也有引首无闲章,句末钤篆体"旭""映""君子""佳丽""凤采"等。

闲章的使用与所绘题材有密切关系。如绘花卉和雄鸡的作品,即搭配引首"佳丽",句末"金成""旭映";绘蝙蝠和寿桃的作品,即搭配引首"寿如",

图 8　清雍正　珐琅彩题诗莲纹杯壶　大英博物馆藏
引首："佳丽"　句末："清香""君子"
释文：介如君子德，韵似美人妆

句末"四时""长春"；画山水的作品，即搭配引首"寿如"，句末"德高""志远"；画单一蓝料彩山水的作品，即搭配引首"寿如"，句末"山高""水长"；画墨梅的作品，即搭配引首"先春"，句末"寿古""香清"；画竹子的作品，即搭配引首"凤采"，句末"彬然""君子"；画孔雀的作品，则搭配引首"政化"，句末"升平""奕世"。使用频率最高的是引首"佳丽"，句末"金成""旭映"。

清末寂园叟撰《陶雅》曰："乾隆朝画古月轩彩之金成字彤映者，亦人名耶。有胭脂水小篆印文在。"显然，寂园叟将"金成""彤（应为'旭'，笔者注）映"当成了人名，当属望文生义。

雍正珐琅彩瓷器的外底均署年款，以蓝料彩"雍正年制"四字双行宋

图9　清雍正　梅花诗文碗（一对）　大英博物馆藏
引首："先春"　句末："寿古""香清"
释文：月幌见踪影，墨池闻暗香

　　糇体印章式款最为多见，款外围以双方框，框线外粗内细，极其规整，很像是用刻好的图章印上去。小件器物署上述同式款，但无边栏。

　　另见有个别器物外底署胭脂红彩宋糇体"雍正年制"四字双行款外围蓝料彩双方框，或在器物外底所绘寿桃上署胭脂红彩宋糇体"雍正年制"四字双行款（图10、11）。

　　雍正珐琅彩瓷器也有在外底署青花款者，所见有"雍正御制"四字双行款，外围双方框，或"大清雍正年制"六字双行款，外围青花双圈。青花款只能在施釉前书写在瓷胎上。

　　综上所述，雍正时期的珐琅彩瓷器在雍正皇帝的指导下、在雍正皇帝最信赖的十三弟怡亲王允祥的主管以及郎中海望、员外郎沈崳和唐英等的

图10　万花锦纹碗（图6）底款　　　　　　图11　节节长春白地盅（图7）底款

管理下，经过景德镇御窑厂制瓷匠人和宫廷画家的共同努力，将雍正皇帝文雅精细的审美标准如实地贯彻于瓷器生产中。当时高超的制瓷技艺与中国传统诗词、书法、印章文化相互融合，使雍正时期的珐琅彩瓷器真正成为制瓷工艺与诗、书、画、印相结合的艺术珍品。按照雍正皇帝审美标准精心创作的珐琅彩瓷器，堪称高山仰止，成为中国陶瓷发展史上一座难以逾越的高峰。

瓷器上的乾隆御制诗

刘旸

带有御制诗的瓷器，是清宫瓷器中一道独特的风景线。目前故宫博物院收藏的历代瓷器中，大约有 300 件带有乾隆御制诗。品味这些瓷器，我们仿佛慢慢走进了乾隆皇帝的内心世界，看看这位盛世之君，这位充满传奇色彩的帝王，有着怎样的爱好和情趣，又有着怎样的心思和喜怒哀乐。

超级诗人乾隆皇帝

乾隆皇帝是作诗能手，关于其一生作诗的数量，有学者统计为 4.3 万余首，也有人统计为 4.1 万余首，还有学者认为超过 5 万首。但不管怎样，清朝康熙年间编纂的《全唐诗》，总共才收录了 4.89 万首诗，而这些诗是 2200 多人花费数百年时间才写出来的。且不管乾隆诗作的水平怎样，至少可以说明他是一个勤奋的人。

总体来说，乾隆皇帝一生所作诗文，大致可分为五类。

第一，勤政恤民之作。如《郊外即事》："郊圻犬吠杂鸡号，策马霜华点素袍。收获才完仍播麦，田家四季总勤劳。"

第二，骑射讲武之作。如在《率侍卫等习射殿庭》诗中写道："我朝弧矢服天下，太平讵敢忘戎焉？吁嗟荩臣听予言，克念尔祖勤劳者。"

第三，国家民族兴旺发达之作。如《山田》："旧代常愁烽火惊，于

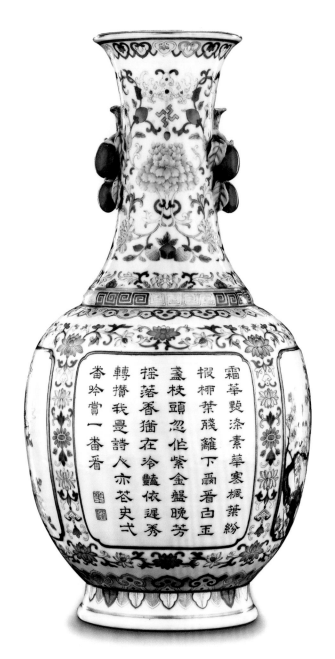

图1　清乾隆　青花粉彩缠枝花卉开光梅菊图御制诗文柿蒂耳瓶
中国嘉德 2013 年春季拍卖会
成交价：RMB27,025,000

图 2 清乾隆 矾红御制诗文茶碗（一对）
中国嘉德 2011 年春季拍卖会
成交价：RMB3,450,000

今此地有人耕。混同中外皆天泽，倍切乾乾保泰情。"

第四，说理咏史之作。如《夜静观书》："看书如看山，其境日日殊。随境不会心，多闻不如无。"

第五，个人生活的写照。如悼亡诗《慧贤皇贵妃挽诗叠旧作春怀诗韵》："牛女岁一会，讵云隔天汉。崦嵫虽下春，扶桑复明旦。人生赴壑蛇，去势谁能绊。永惟王衍言，言笑忆晏晏……"

乾隆一生的诗作虽多，但其中与宫廷瓷器有关的，就数量较少了。据统计，故宫博物院收藏的带有乾隆御制诗的瓷器约有 300 件，器物主要分为两大类：一类是清代之前的历代名窑瓷器，特别是宋代五大名窑瓷器；另一类是乾隆本朝御制诗瓷器（图 1、2）。

吕成龙先生在《乾隆御制诗中的瓷器误定举例》一文谈到，乾隆皇帝一生做了大量的咏瓷诗，在中华人民共和国成立前，郭葆昌曾统计为 199 首，其中咏柴窑 4 首、定窑 32 首、官窑 70 首、汝窑 7 首、钧窑 9 首、哥窑 22 首、龙泉窑 5 首、宣德朝瓷器 8 首、成化瓷器 2 首、嘉靖瓷器 1 首、陶器 15 首、白瓷 1 首、宋瓷 9 首。

图3　宋代　定窑白釉碗　刻乾隆御制诗　故宫博物院藏

　　从统计结果我们不难发现，乾隆皇帝对宋瓷十分热爱，他曾在自己的诗文中谈到，只有宋瓷才能真正称得上是瓷器，才是真正的人间珍玩。既然对宋瓷如此钟情，那么写下大量咏宋瓷的诗作，就在情理之中了。然而，乾隆皇帝作为一代盛世之君，他把玩瓷器的方式绝不是一般人能比的：他不但要写咏宋瓷的诗，而且还要把这些诗镌刻在宫廷收藏的宋代瓷器上面。

　　据专家统计，故宫博物院收藏有清之前的刻有乾隆御制诗的历代瓷器

图 4　宋代　哥窑双耳炉　故宫博物院藏

20 件，御制诗被镌刻在器物内、外底及外壁等各处。例如，宋官窑粉青釉圆洗、宋官窑葵瓣口碗、宋官窑葵瓣口盘、宋汝窑天青釉三足圆洗、宋哥窑双耳炉、宋定窑白釉碗等等（图 3）。

　　这些镌刻在瓷器上的乾隆御制诗中，乾隆对瓷器的釉色、造型、纹饰等方面进行了品评，字里行间洋溢着一种收藏和把玩古物的喜悦之情。从中我们也能体会到，他对这些瓷器是发自内心的喜爱，绝不是做为帝王的附庸风雅。例如，故宫博物院珍藏的宋哥窑双耳炉（图 4），造型典雅端庄，釉面开有许多深浅不一的片纹，深者色呈黑色，浅者色呈黄色，俗称"金丝铁线"，这种自然天成的美趣，备受历代文人及鉴赏家推崇。此件哥窑双鱼耳炉在传世哥窑器物中称得上是经典之作，器底有六个圆形支钉痕，及镌刻乾隆御诗《咏哥窑炉》一首："伊谁换夕薰，香诗至今闻。制自崇鱼耳，色犹缬鳝纹。本来无火气，却似有云氲。辨见八还毕，鼻根何处分。"寥寥数句，即把哥窑釉色之美展示给世人。

　　对于宫中所藏汝窑瓷器，乾隆皇帝更是珍爱有加，在传世的许多件汝窑器物底部都刻有乾隆皇帝的诗文，如故宫博物院收藏的一件汝窑三足圆洗（图 5），淡淡的天青釉色细润如堆脂，釉面遍布细碎片纹，韵味无穷。这件三足圆洗极为珍贵，底部镌刻一首乾隆皇帝于戊戌夏时所作的御题诗："紫土陶成铁足三，寓言得一此中函。易辞本契退藏理，宋诏胡夸切事谈。"

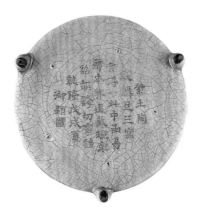

图 5　宋代　汝窑三足圆洗　故宫博物院藏

乾隆瓷器上的御题诗

乾隆皇帝除了在前朝瓷器上镌刻御制诗文外，本朝瓷器上也多见他的诗文。只不过，这些诗文是以一种装饰手段出现在瓷器上，并成为宫廷御制瓷器特有的装饰手法。有关乾隆御窑御制诗瓷器制作或使用的情况，《清内务府造办处各作成做活计档》中，最早的记载应是在乾隆七年，乾隆皇帝看到御制诗歌山水青花大罐发出"甚好"的赞叹，旨令景德镇御窑厂督陶官唐英"按其式样，别样瓶亦照有诗句、山水、花卉烧造"。

故宫博物院珍藏的一件清乾隆珐琅彩花卉纹小瓶（图6），画面为洞石花卉图，画面一隅题五言诗二句："夕吹撩寒馥，晨曦透暖光。"并钤印"金成""佳丽""旭映"胭脂红篆章三枚。瓶身整体装饰不仅诗绝、画精，且印更妙，达到了完美的和谐。

图 6　清乾隆　珐琅彩花卉纹小瓶
故宫博物院藏

图 7　清乾隆　粉彩开光花卉御制诗文瓶
故宫博物院藏

　　故宫博物院收藏有一件粉彩开光花卉御制诗文瓶（图 7），腹部呈八莲瓣形开光，四面开光内以粉彩绘牡丹、荷花、芙蓉、梅花四季花卉；另四面开光书楷、行、隶、篆四体乾隆御制诗各一首，其中一首咏牡丹的诗句写到："锦绣堂中开画屏，牡丹红间老松青。日烘始识三春丽，岁暮犹看百尺亭。天矫孥空欣得地，辉煊散彩正当庭。一般都是生生意，坐对从知笔有灵。"描绘了一幅美妙的画卷，一诗一画，相得益彰。中国嘉德 2013 年春季拍卖会中，一件清乾隆青花粉彩缠枝花卉开光梅菊图御制诗文柿蒂耳瓶亦是乾隆御制诗瓷器的佳器（图 8）。

　　乾隆御题诗除了与画面共同装饰器物外，还常单独作为主题装饰器物。在不少宫廷茶具上面，即有体现。如故宫珍藏的一套白地红花茶具，由长方盘、圆壶及两个盖碗组成，红彩书乾隆御制诗文："荷叶擎将沉滢稠，天然清韵称茶瓯。胜泉且免持符调，似雪天劳拥帚收。气辨浮沈原有自，火详文武恰

图 8　清乾隆　青花粉彩缠枝花卉开光梅菊图御制诗文柿蒂耳瓶
中国嘉德 2013 年春季拍卖会
成交价：RMB27,025,000

想投。灶边若供陆鸿渐，欲向曾经一品不。"其情之高雅，显而易见。

　　中国嘉德 2011 年春季拍卖会中，有一对清乾隆矾红御制诗文茶碗以 345 万元成交（图 2）。这对茶碗碗口微撇，碗壁以矾红御题诗文一首："梅花色不妖，佛手香且洁。松实味芳腴，三品殊清绝。烹以折脚铛，沃之承筐雪。火候辩鱼蟹，鼎烟迭生灭。越瓯泼仙乳，毡庐适禅悦。五蕴净大半，可悟不可说。馥馥兜罗递，活活云浆澈。倕俙遗可餐，林逋赏时别。懒举赵州案，颇笑玉川谲。寒宵听行漏，古月看悬玦。软饱趁几余，敲吟兴无竭。"落款"乾隆丙寅小春御题"，加盖"乾"朱文圆章、"隆"朱文方章。诗中提到的梅花、佛手、松实，是乾隆皇帝自创的一种茶——三清茶，采三者入茶，以雪水烹之而成。并在品尝佳茗之时，作诗以和，

图 9　清乾隆　仿古铜釉御制诗文轿瓶
中国嘉德 2011 年春季拍卖会
估价：RMB1,600,000—2,200,000
成交价：RMB6,670,000

文雅之至，于御瓷中体现。史料记载，乾隆时期仅重华宫所办的"三清茶宴"
就有四十三次，也称重华宫茶宴。"三清茶宴"于正月初二至初十间择
日举行，参加者多为词臣，如大学士、九卿及内廷翰林。每次举行时，
须择一宫廷时事为主题，群臣联句吟咏。

　　在清宫的各种陈设用瓷器中，壁瓶是非常重要的一个品种。从史料看
来，乾隆皇帝特别钟情壁瓶，将 14 件式样各异的壁瓶装饰于珍藏稀世法帖
的养心殿三希堂之东壁墙上。此时清宫对壁瓶的称谓改为"挂瓶""轿瓶"。
名称的变化，亦反映功能的转变，因为乾隆时期壁瓶多出一个重要的功能，
就是悬挂在皇帝的御辇中。有统计显示，故宫博物院收藏有 248 件乾隆时
期的各式壁瓶，其中的 138 件壁瓶上有不同体例的乾隆御制诗。这些诗文中，
大多数是乾隆的《咏挂瓶》。

　　中国嘉德 2011 年春季拍卖会，有一只清乾隆仿古铜釉御制诗文轿瓶
以 667 万元成交（图 9）。这只轿瓶隽巧别致，气质华贵，取双夔龙为耳，

图 10　清乾隆　黄地粉彩开光题诗山水图双联瓶

以仿古铜釉为底色，口沿以下分别装饰如意云头纹和夔蝠纹，瓶腹中间为矩形倭角开光，围以模印鎏金夔龙纹，开光内白地墨书篆体《咏挂瓶》诗，篆法古雅清秀。末钤红彩篆书"乾""隆"关联章。底部为"乾隆年制"阴文四字篆款，端庄稳健，有别常见的描金篆款，是为乾隆壁瓶少见之款式。底部与背部皆敷设金彩，以模仿铜胎之效果。较之乾隆朝其他壁瓶，这件最为独特之处正是色釉之罕见，为乾隆壁瓶当中仅知的一例。

　　乾隆御制诗以它特有的内容、形式和风格，为瓷器装饰拓展了一片天地，同时也向我们展现了乾隆时期宫廷生活的方方面面。这些瓷器上所镌刻或书写的诗文多是乾隆皇帝的有感而发，这些"历史价值大大超过艺术价值"的御制诗，不仅记录了当时宫廷中许多的政治活动，同时也为我们了解乾隆皇帝的审美取向和深厚的文化素养，提供了最直接的文字资料（图 10）。

瓷器保养的讲究

马学东

瓷器是易碎品，因此其保存、保养必须遵循轻拿轻放、小心谨慎的原则，同时又要注意不能对瓷器造成保护性损害。

最为理想的保存瓷器的方法是把瓷器放在订做的盒子里，盒子里要有海绵或泡沫垫，尽量不要将两件瓷器放在一起，如果非得放在一起一定要用泡沫隔开；陈列的话，最好将瓷器放在固定的木架子上，比如实木做的博古架（图1）。如果不想让您的瓷器珍藏最终变成"让瓷片飞"的话，千万别用玻璃做的陈列架。瓷器最忌磕碰、震动，展示珍贵瓷器时最好用透明尼龙线固定再进行展示。

瓶、罐、尊等瓷器一般是由下而上两段拼接而成，移动时不能一只手提物件上部的脖子。正确的方法是，一手拿住脖子，一手托住底（图2）。有的瓶、罐、尊装饰有双耳，在取放时不能仅提双耳，以免折断或损坏。薄胎器皿，胎薄、质轻、娇气，移动、安放时更要小心，要双手捧底，忌用单手，尤其是瓶件，底足小，体型较长，还需防风吹倒。

鉴赏瓷器收藏品时尽量不用手摸。看藏品时最好戴上手套，桌上用绒布垫好，赏看时不要互相传递，一人赏看结束应重置于桌上，其他人再捧持观赏。

瓷器烧制和釉彩的不同，决定了在清洗瓷器的积垢时要采用不同方式。

单色釉也称"一色釉""纯色釉"或"一道釉"。由于瓷釉内含不同

图 1 清雍正 《十二美人图》中的博古架 故宫博物院藏

图2 清乾隆 《是一是二图像屏》中的执壶姿态 故宫博物院藏

化学成分，瓷器烧成后就呈现出不同的单一色泽，如青釉、红釉、黄釉、黑釉、绿釉、蓝釉和白釉等。一般单色釉瓷器表面的污渍可以用碱水清洗，也可用肥皂、洗衣粉清洗，再用净水冲净。在冬季洗刷薄胎瓷器，要控制好水温，以防冷热水的交替使瓷器发生裂损。如果瓷器有开片或冲口裂纹等现象，污渍容易"沁"入其中，可用牙刷蘸些酸性液体刷洗。

彩釉的施釉方式一般又分釉下彩和釉上彩。釉下彩则是在生坯、经素烧坯胎或釉胎上饰纹加彩、罩釉，经1340℃左右高温一次烧成，色料充分渗透于坯釉之中。釉上彩则是在已烧成瓷器的釉面上用彩料绘画，再入窑在600℃至900℃之间进行二次焙烧而成的品种。这种彩摸上去有凸起感觉。由于彩在釉上，易磨损、易受酸碱等腐蚀、易褪色。

清洗高温釉或釉下彩瓷器上面的污垢，应先放在清水中浸泡1小时，再用洗洁精洗掉外表的油污，用毛巾擦干水分后用盒子装上，盒中应有泡沫充垫；年代久远的彩釉，因色彩中铅的成分较多，出现泛铅现象，可先用棉签蘸上白醋擦洗，再用清水洗净。但低温釉及釉上彩的瓷器，不能用酸、碱性物质擦拭，一般保养时只要用软棉布清水擦拭就行。尤其描金彩瓷器

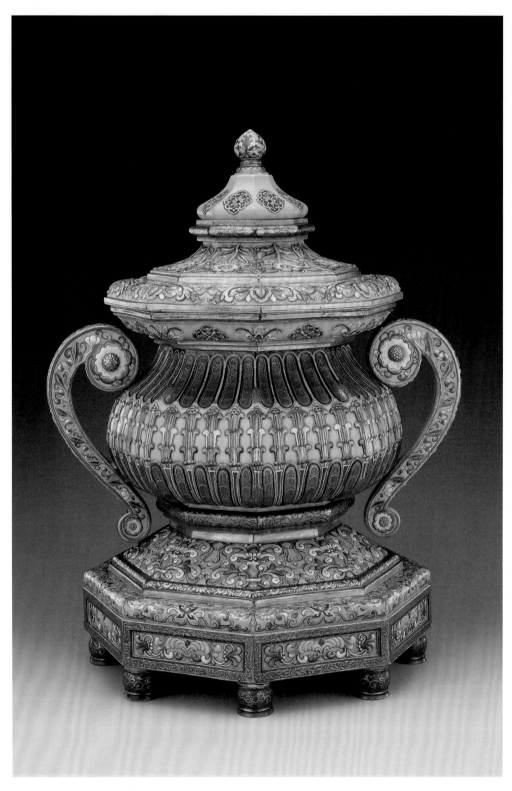

图 3　清雍正　绿地粉彩描金镂空花卉纹香炉

也不可用鸡毛掸子之类做清洁，因为易损伤瓷器上的描金（图3）。

　　如果是在地下埋藏较长时间的瓷器，表面还可能会产生很多钙质和硅质化合物，即土锈。对出土的高温釉或釉下彩类，可先用清水清洗一次，用3%双氧水浸泡3小时左右，再用清水浸泡30小时以上，用干净白布清洗，一般可除去土锈。如果除不尽，可用刷子蘸上醋酸，刷在土锈处，5小时后用医用手术刀斜削除去土锈，刀片只能向一个方向削。待大部分土锈去除后，再用白洁布和牙膏清洗直到土锈完全去除。当然一定注意，这种方法也只适用于高温釉和釉下彩。

　　其实平时瓷器珍品的保养可以只用一块湿布擦拭。陶瓷表面上有一层反光层，其性质与玻璃相仿，灰尘虽然很小，但也是一些细小的沙粒，沙粒会有一些很尖锐的棱角，在擦拭的时候容易将瓷器釉面磨伤。如果经常擦拭，陶瓷的表面就容易失去光泽。因此要用柔软的画笔清扫瓷器上的灰尘，用柔软的刷子刷瓷器的缝隙，用气囊吹瓷器上面的灰尘也是个不错的方法。

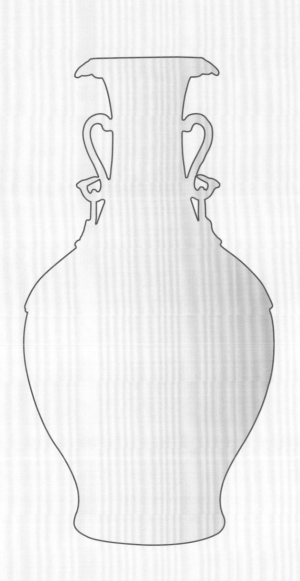

下篇·赏析篇

百花堆锦四时芳

雍正珐琅彩万花锦纹碗

徐畅

　　在优越的技术和艺术条件下，雍正御窑珐琅彩花卉纹瓷器和铜胎珐琅器皆精美无比，虽繁花密蔓，敷色华艳，但风致端雅宜人。《匋雅》尤称雍正御瓷以花卉为最工，"巧夺造化，足以超前古越来今矣"，且脱去俗匠町畦"颇饶画卷气"。

　　这件雍正珐琅彩万花锦纹碗（图1），瓷胎洁白莹润如冰似玉，底有"雍正年制"四字蓝料楷书款。所谓"百花锦"，又名"百花不露地""万花堆""万花锦""锦上添花"等，寓意百花献瑞，盛世长春。因其华美喜庆，一直流行到民国时期。这件锦纹碗外壁满绘四时百花图案，在中心位置绘有大朵的牡丹、荷花，周围簇拥小朵的玉兰、绣球、兰蕙、石榴、芙蓉、菊花、桂花、菖蒲、石竹等四季花卉植物，花叶满密覆盖全器，是清代御窑"百花锦"瓷器的早期范本，极为珍稀，是目前市场流通中所见的第三件，在故宫博物院藏有一件同款珐琅彩百花纹碗，但状态不全美。

四季花骈芳

　　超越现实，四时花卉并放呈芳的图案样式，可以追溯到宋代。《老学庵笔记》载：靖康初年，京师汴梁的织锦和妇人首饰衣服上流行同时呈现一年四季的节令物品或花卉，如将桃、杏、荷、菊、梅并为一景，号称"靖康一年景"[1]（图2）。这种集四季花卉于一时的场景，往往令人联想到四时长春的仙府阆苑，如《金刚经科仪》中"庄严净土分第十"即云："住相布施，凡圣皆差，无来无去，月照帘下，无根树子，常开四季花。"

　　《封神演义》第七十二回广成子到访碧游宫时，即作歌云："一径松竹篱扉，两叶烟霞窗户。三卷黄庭，四季花开处。新诗信手书，丹炉自己扶。"这种吉祥热闹的题材在宫廷和民间都长期流行，如明代洪武年间初定的大驾卤簿中，即有"红绣花扇十二把"，扇面用大红罗绣"四季花"，此仪制在清代也被保留。《金瓶梅》里写潘金莲的绣花鞋，是"大红四季花缎子白绫平底绣花鞋儿，绿提根儿，蓝口金儿"。明代的《程氏墨苑》中有一组"百华（花）香露"（图3），可视作当时典型的四季花开、百花骈芳图案样式，花篮中牡丹、栀子、茉莉、菊花、水仙、梅花等同时盛放，芳华满眼。在配套的赞文中，有"仙人掌上日初霁，

图 1　清雍正　珐琅彩万花锦纹碗
中国嘉德 2018 年春季拍卖会
估价：RMB6,000,000—10,000,000
成交价：RMB8,970,000

图2 《宋仁宗后坐像轴》中，两个侍女头顶的"一年景"花冠。

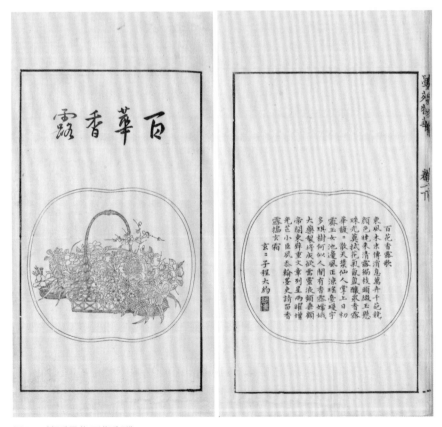

图3 《程氏墨苑·百华香露》

玉女池边风正凉。瑶台琼宇多琪树,何似人间有香露"之句,显然也是在描绘仙家景象。

清宫贺寿的戏目《万花向荣 御花献瑞》,剧情即花神奉玉帝旨,邀约散花玉女及福神来到瑞莫阶畔、朱草庭前,议定"御园献瑞,庆贺圣母圣主万万岁"事宜。众多仙女即各持四时吉庆宝花水仙花、玉梅花、畹兰花、任春花、樱桃花、红杏花、白李花、海棠花、木兰花、瑞麦花和栀子花等,歌舞献花。在著名的《雍正十二美人图》(即《清人画胤禛妃行乐图》)中,这种华丽娇艳的百花锦图案,还被用在家具桌案上(图4)。

"百花锦",除了取其吉祥华美外,还有更深的一层含义。花木在古人眼中并不仅仅是悦目之物,北宋时期由官方主持编撰的《宣和画谱》中讲花木,"粉饰大化,文明天下。亦所以观众目、协和气焉"。将四季花木绘于图画,可以"夺造化而移精神,遐想若登临览物之有得也"。清代获得康熙皇帝御定的大型植物志丛书《御定佩文斋广群芳谱》也讲:花卉可以厚生利民,可以凭此格物致知,培养高雅的爱好,即"以跻仁寿而享太平,亦不为无所裨助也哉"。

清宫的珐琅彩烧造

雍正珐琅彩百花锦纹碗上繁花勾勒精细,渲染柔和,色泽清丽明艳。体现了雍正时期珐琅彩在烧造技术和绘画艺术上的双重高峰。每种花卉都赋色精细,娇艳绚丽,甚至一片花瓣有四五种颜色过渡,色泽鲜明、宝光莹润的彩料也生动表现出花瓣的饱满质感。

这样精妙的表现有赖于清代康熙、雍正两朝珐琅彩烧造技术的持续进步。康熙帝是一位博学多才的帝王,他不仅精通汉学,还曾向比利时传教士南怀仁、葡萄牙传教士徐日升、法国传教士张诚和白晋等人学习西方的天文、物理、算学,对西方舶来的种种新奇工艺品也颇为喜爱,其中欧洲的铜胎画珐琅得到康熙帝格外青睐,特令宫廷造办处仿制[2]。

康熙末年时,珐琅彩装饰工艺还被运用到紫砂器、玻璃器和瓷器上(图5、6)。这一时期的清宫珐琅彩技术还不完备,色料依赖西方进口,而且珐琅彩装饰还受到了西方洛可可风格的影响。其模仿的原型——欧洲铜胎

图4　清雍正　《十二美人图》家具上的百花锦图案　故宫博物院藏

图5　清康熙　玻璃胎画珐琅蓝地牡丹纹胆瓶
台北故宫博物院藏

图6　清康熙　宜兴胎画珐琅五彩四季花卉方壶
台北故宫博物院藏

画珐琅，因色料必须覆满胎体，故皆满铺色地，所以康熙朝的珐琅装饰器物，多见色地繁花图案，其中四季花也是较为常见的题材，这为雍正朝珐琅彩百花锦瓷器的出现奏响了序章。

雍正帝的消遣

　　早在为皇子时，雍正帝胤禛就对瓷器表现出了浓厚的兴趣。他经历了残酷的夺嫡之争，深知君王职责之重，继位后就以"惟以一人治天下，岂为天下奉一人"为座右铭，并刻"为君难"印以自警（图7），自言："朕自朝至夕，凝坐殿室，批览各处章奏，目不停视，手不停批，训谕诸臣，日不下数千言。"雍正六年之前，他坚持"昼则延接廷臣，引见官弁，傍晚观览本章，灯下批阅奏折，每至二鼓三鼓"。为了避免奢靡怠政，他还废止了康熙朝的巡游之制，十余年不出京师。

　　在这样高度紧张的帝王生涯里，赏玩瓷器成了雍正帝为数不多的消遣和畅怀途径。他坚持一丝不苟，认为宫廷造作应该杜绝粗滥俗物，严格遵照"内廷恭造式样"制作，对瓷器的技术、样式、纹样、配色，乃至何人

图 7　雍正帝"为君难"印文

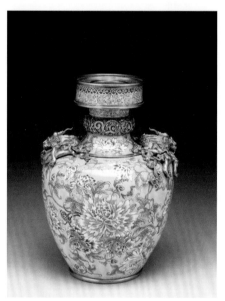

图 8　清雍正　铜胎画珐琅黄地牡丹纹蟠龙瓶
台北故宫博物院藏

描画，都要一一过问。如清宫档案记载，雍正四年六月初四日，"太监杜寿交来斑竹花纹瓷缸一件，塔心瓷缸一件，旨着照此缸的尺寸，做些木样呈览过"。雍正四年十二月十三日，诏令"闻得瓷器胎骨过三年以后烧造更好，将此原故亦传给年希尧知道"。当时他钦定负责御窑瓷器烧造的年希尧和唐英，后来都成为瓷史上赫赫有名的人物，故雍正朝御

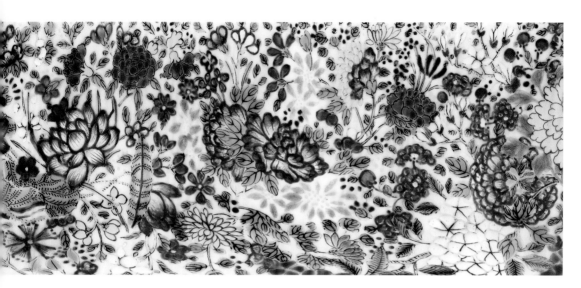

图9　清雍正　珐琅彩万花锦纹碗展开图

瓷"选料奉造，极其精雅"。

雍正一朝的珐琅彩瓷器，是先在景德镇御窑厂烧造光素的细白瓷胎，然后送至宫中，由内廷高手起稿绘图，再烘烧完成。

首先是彩料，为了突破进口原料的限制，雍正六年二月怡亲王[3]奉旨试烧国产珐琅料，据造办处珐琅作档案记载：雍正六年七月初十日，怡亲王交付试烧成功的有西洋珐琅料九样、旧有西洋珐琅料八样、新增珐琅料九样。新的彩料为雍正朝珐琅彩的秀美新风提供了技术基础，且国产珐琅料烧造技术较为稳定高产，仅雍正七年十一月一次就炼得各色珐琅料六十斤。

其次是在图案装饰手法上，摆脱了西洋铜胎画珐琅的窠臼，发展出新的风格。雍正珐琅彩一方面吸取了西洋画珐琅以油调色晕染细腻、注重阴阳向背立体关系的高超写实技巧，另一方面又融入了富有书卷气的中国传统绘画技法，秀雅清丽，超凡脱俗（图8、9）。

这种新风格有赖于雍正帝高超的艺术品味和文化修养，他自幼喜读书，琴棋书画皆有涉猎，在闲笔《悦心集》序言曾说，"或如皓月当空，或如凉风解暑，或如时花照眼，或如好鸟鸣林，或如泉响空山，或如钟清午夜，均足以消除结滞，浣涤烦嚣，令人心旷神怡，天机畅适"，俨然一隐者雅士。

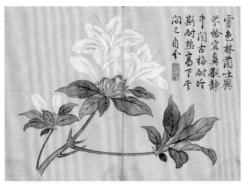
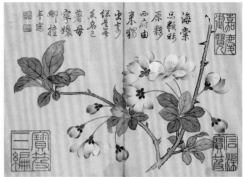
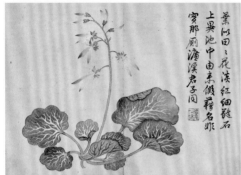

图 10　清代　钱维城　《花卉册》（八开）

中国嘉德 2019 年秋季拍卖会

估价：RMB32,000,000—38,000,000

成交价：RMB36,800,000

图 11　清代　恽寿平　《百花图卷》　美国大都会艺术博物馆藏

他对宫廷造作，也屡屡要求"往秀气里收拾"，对装饰图案的粉本选择也极为挑剔。当时以画技供奉内廷者，有郎世宁、唐岱、高奇佩、邹一桂、蒋廷锡、钱维城等人（图 10）。

邹一桂和蒋廷锡皆以花鸟画擅名；邹一桂娶名家恽寿平之女恽兰溪为妻，深得恽氏家传，所作花卉，"分枝布叶条畅自如，设色明净，清古冶艳"；蒋廷锡亦学恽派，擅长以逸笔写生，"自然洽和，风神生动，意度堂堂"。故《饮流斋说瓷》赞美雍正御窑瓷器："花卉纯属恽派，没骨之妙，可以上拟徐熙。"

前文所述的雍正珐琅彩万花锦纹碗，绘画风格上则是恽寿平一脉做派。恽寿平所绘花朵绚烂如锦绣堆，而章法设色颇为得当，俯仰多姿五色争辉，繁而不乱，花叶间略露间隙，密中有疏不显窒闷（图 11）。花瓣形状和俯仰向背的姿态变化巧妙，半透明的筋脉也一一勾勒，更显轻盈娇嫩。

注释

[1] 靖康年（1126—1127）是宋钦宗的第一个年号，也是北宋的最后一个年号。

[2] 南怀仁（Ferdinand Verbiest，1623—1688），字敦伯，又字勋卿，西属尼德兰皮特姆（今比利时布鲁塞尔附近）人，耶稣会传教士，天文学家、科学家。

　徐日升（Thomas Pereira，1645—1708），字寅公，葡萄牙人，耶稣会传教士。清康熙十一年（1672）抵澳门开始传教，后卒于北京。

　张诚（Gerbillon Jean Franois，1654—1707），字实斋，法国人，天主教传教士。康熙二十七年（1688）抵北京传教。

　白晋（Joachim Bouvet，1656—1730），又作白进，字明远，法国人，天主教传教士。康熙二十六年（1687）抵北京传教。

[3] 爱新觉罗·允祥（1686—1730），康熙皇帝十三子，雍正皇帝之弟。曾被康熙皇帝幽禁，原因不祥。雍正皇帝即位后，即封允祥为怡亲王，格外信用。

[4] 刘雨：《西周金文中的射礼》，《考古》，1986 年第 12 期。

九秋香满镜台前

『雍正御制』款珊瑚红地洋彩九秋同庆花卉纹碗

于洁

图 1　清雍正　珊瑚红地洋彩九秋同庆花卉纹碗（一对）
中国嘉德 2018 年春季拍卖会
估价：RMB6,000,000—8,000,000
成交价：RMB6,900,000

　　瓷胎洋彩与画珐琅器是清宫最珍贵，也是最受清帝重视的品类，当时
由于釉料、技术等原因，烧制量稀少。与其他品类瓷器不同，宫廷基本上
不将其作为赏赐品，除少数陈设圆明园，绝大部分珍藏于乾清宫，流传于
外者少之又少，足可视为盛世辉煌的庞大国力下极尽人力、物力才能实现
的顶级宫廷艺术形式。

　　这对清雍正珊瑚红地洋彩九秋同庆花卉纹碗（图 1），侈口微外敞、
深弧腹、矮圈足。器型端庄秀巧，器内平素无纹，内壁施白釉，温润细腻。
外壁通体以珊瑚红为地，釉色匀净，上以各色彩绘牡丹、秋葵、菊花、兰
花、虞美人、秋海棠、山茶、芍药、栀子花这九种秋天盛开的花卉，并以绿、
墨色绘枝叶、叶脉，斑斓绚丽，寓意"九秋同庆"，至为吉祥。纹饰绘画
技巧高超，构图巧妙，借以彩料浓淡的变化来表现花叶的阴阳向背，其中蓝、
黄等色花朵都采用了彩料与玻璃白调和使用的工艺，部分花卉的轮廓线用

胭脂红勾勒，花瓣细部以白料点饰出斑驳光点，令花卉更富立体感；叶片以深浅绿色表现，转折所产生之光影明暗，布局疏密有致，极富西洋风情，更显风姿绰约。器底带"雍正御制"二行青花楷书双方框款。相同品种以"康熙御制"年款者为多，"雍正御制"款识者并不多见。

洋彩器的风格与技法

　　洋彩，过去常被统归于"粉彩"类，在陶瓷分类上应属珐琅彩釉类，它与画珐琅虽在釉彩与纹饰上均异中有同，有重叠性与共通性，分辨不易，因又常归入"瓷胎画珐琅"器类中。近年来台北故宫博物院的学者们依此类器皿的宫廷原盛装木匣所刻品名及清宫相关档案记载，对"洋彩"进行了重新审视与定义。

　　首先洋彩器有专门的绘画风格与技法。雍正十三年（1735）唐英所撰之《陶务叙略碑记》一文中对洋彩定义为："洋彩器皿，本朝新仿西洋法琅画法，人物、山水、花卉、翎毛无不精细入神。"乾隆八年（1743），唐英又在《陶冶图册》第十七编《圆琢洋彩》中有更详细的说明："圆琢白器，五彩绘画，摹仿西洋，故曰洋采。须选素习绘事高手，将各种颜料研细调和，以白瓷片画染试烧……所用颜料与法琅色同……"依此可知，洋彩所用颜料与画珐琅相同，独特之处在于其绘画装饰模仿自西洋。

　　其次，因雍正六年陶督官唐英于景德镇御窑厂烧造洋彩之前，珐琅颜料珍藏宫中，瓷胎画珐琅均在宫中烧造完成（图2、3），廖宝秀《从色地画珐琅与洋彩瓷器谈文物定名问题》提出：《活计档》将清廷造办处完成者与御窑厂完成者严格区分，前者称为"瓷胎画珐琅"，后者称为"瓷胎洋彩"[1]。对于清宫旧藏洋彩，另一位关注"洋彩"的学者余佩瑾发现，"乾隆皇帝降旨整理清宫旧藏和当朝画珐琅器时，很可能只针对当朝作品进行'洋彩'和'珐琅彩'的分类；相对于此，康雍两朝的作品则一律归并于'瓷胎画珐琅'之下。"因此雍正朝洋彩更多被混淆于瓷胎画珐琅之中。除绘画装饰不同之外，洋彩器与瓷胎画珐琅器其纹饰之取题规范、制作的地点与款识均有所区别，应视为两类，不应混淆。

　　关于瓷胎洋彩器"摹仿西洋"装饰特征，廖宝秀《乾隆瓷胎洋彩综述》

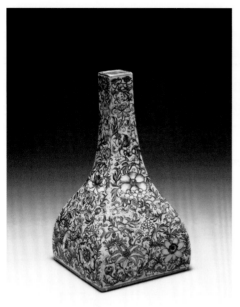

图 2 清乾隆 瓷胎洋彩黄地洋花方瓶
台北故宫博物院藏

图 3 清乾隆 洋彩八吉祥莱菔瓶
中国嘉德 2016 年春季拍卖会
参考价：RMB7,000,000—9,000,000
成交价：RMB9,200,000

总结：花卉纹样大量使用洋菊、洋莲等洋花装饰；图案中运用西洋明暗光点绘法、阴影透视法，尤以图案花纹的细部，多模仿西洋光影画法，使用珐琅白料点饰光点，令花纹或物体更富立体感；或在花叶上以渲染白料方式，表现枝叶的光影明暗，与西方绘画中描画静物表现光影的手法同出一辙。这种西洋绘法，即为唐英所称洋彩器"摹仿西洋"之要旨，也是它区别于大部分"瓷胎画珐琅器"的特征 [2]。洋彩器上看似很中国的山水绘画或开光花卉，却也包藏着无数西洋画意，亦为东西文化艺术交流之见证（图 4）。

图 4　清乾隆　瓷胎洋彩诗句菊花图梅瓶　台北故宫博物院藏

清宫西洋风

瓷胎珐琅彩器与洋彩器的盛行，和清宫西洋风的流行及皇帝的兴趣爱好有密切联系。从传世制品看，雍正洋彩无论是装饰风格还是造型、纹样皆为承袭康熙器而来。由于康熙皇帝对西洋画珐琅器的喜爱，不仅引进画珐琅制作技术，也于康熙三十二年在宫中造办处创设"珐琅作"坊，专门制作各种胎地的珐琅器，经过不断试验终于在康熙晚期烧制成功。雍正皇帝和怡亲王允祥踵继康熙皇帝的脚步，仍然持续督促西洋传教士画珐琅，并同样以突破技术、产烧更精美的珐琅器为目标。其烧造过程记录于《活计档》中，如雍正二年（1724）：

　　怡亲王交填白脱胎酒杯五件、内二件有暗龙、奉旨此杯烧法琅钦此。（于二月二十三日烧破二件总管太监启知）怡亲王奉王谕：其余三件尔等小心烧造，遵此。（于五月十八得白瓷画法琅酒杯三件）怡亲王呈进。

图 5　珊瑚红地洋彩九秋同庆花卉纹碗底款

经雍正与乾隆两朝继续研发，清宫珐琅工艺终臻巅峰。

此对珊瑚红地洋彩九秋同庆花卉纹碗碗底署"雍正御制"款（图 5），极富内涵。"御制"显示此器物之造、烧过程，皆与皇帝本人意志密不可分。清宫造办处绘造之釉上彩瓷，底署釉上蓝料或胭脂红料"御制"年款，有别于署书于景德镇之釉下青花"御制"款。而康熙、雍正两朝珐琅彩瓷青花"御制"款之意义和重要性，历来备受阐释讨论，意味着器物是为皇帝或皇室直接使用而制，但彩绘烧制仍是在景德镇御窑厂完成。廖宝秀在《典雅富丽——故宫藏瓷》中研究发现：瓷胎洋彩与瓷胎画珐琅器绝大多数陈设并收藏于乾清宫和养心殿，其他宫殿除圆明园外极少陈设[3]。整个珐琅彩瓷系列的产造及新珐琅料研制的历程，以及其上"御制"款识的含义，都展现出康、雍、乾三代皇帝积极开发本土烧造技术，以达"远胜西洋"之目标，也传达着他们对自身及清帝国形象的一种主动地、开放型塑造。

对红地画珐琅的偏爱

康熙朝以降，色地上绘花卉纹甚是流行，对比中所凸显出相得益彰之美，深得帝王青睐。由于雍正时期的瓷胎洁白轻薄，在其上用珐琅料直接绘画，更能突出彩料的玻璃质感和鲜艳色调，因而雍正珐琅彩瓷大多绘于素白器上，只有少数袭用康熙时期色地装饰。这对九秋同庆花卉纹碗恰是沿袭了

图 6　清雍正　珊瑚红地粉彩牡丹纹贯耳瓶　台北故宫博物院藏

康熙珐琅彩色地的装饰风格，所施珊瑚红地格调显端庄，颇尊贵，为雍正时期御用瓷器之首选。

　　珊瑚红地，始于康熙，盛于雍正、乾隆，属低温铁红釉，因其呈色红中闪黄，与珊瑚颜色相似，故名。以吹釉法施彩，施釉薄而细匀，其色调沉着含蓄，光润艳美。清代康熙朝开始，除生产一色的珊瑚红盘、碗、瓶外，还用作地色，有珊瑚红五彩、珊瑚红地描金、珊瑚红地粉彩、珊瑚红地盖雪等品种。雍正皇帝本人尤为钟爱红地珐琅器，终雍正一朝，红地珐琅彩的制作持续不断，台北故宫博物院现藏十七件雍正早期"色地画珐琅"皆为红地（图 6）。对比乾隆朝除瓷胎洋彩红地锦上添花器外基本上极少有瓷胎红地画珐琅器这一情况，雍正皇帝不仅相当关心珐琅彩瓷，同时也相当重视红地珐琅彩瓷的技术，他一再告诫提醒宫廷造器必须"文雅秀气"，其美学要求可谓"少则美，多则俗"，不容些微差异。雍正四年（1726）他亲自对景德镇御窑厂产烧的两件"红瓷白里暗花茶圆"指示："此茶圆两件内，淡红色的更好，烧造时着他仿淡红色的烧造。茶圆其底不必烧红色，仍要白底落款，不独此茶圆，他先带去的样内，好款式的盘碟俱烧造些，胎骨俱要精细。"他对红地珐琅料亦多要求，雍正四年降旨将"珐琅花抹红地"酒圆视为头等文物，雍正六年九月《活计档》载："奉怡亲王谕，今配烧珐琅用的红料，将玻璃厂柏唐阿着吴书挑选二名学配红料。"这充分彰显雍正帝个人鉴赏品味之高，也证明雍正帝对珐琅红料的重视非同一般。雍正九年后，经过提炼、研制，红料品质大大提升，此时红地器皿不再有早期"釉色带紫浮泛，釉面厚薄深浅不一，或口足釉色出线不匀"的现象，所呈现的红料沉稳内敛，清丽不俗，正惬雍正皇帝之意。

九秋同庆纹

通观这件九秋花卉纹碗壁，有九种花卉掩映于庭院，次第芳菲，婉转绽放，其笔触间对植物生长姿态的细腻观察与生动描摹，是洋彩器"摹仿西洋"画风的典型特征（图7）。

古人以农历七、八、九三个月为秋季，计九十天，故秋季有"九秋"之别称（图8）。三国曹植《七启》："九秋之夕，为欢未央。"晋代张协《七命》云："晞三春之溢露，遡九秋之鸣飚。"在民间"九秋"也渐为盛开于秋季的各色花卉之代称，如唐代陆畅《催妆五首》之一："闻到禁中时节异，九秋香满镜台前。"明代以后吉祥图案中，多选取九种秋季应时花卉，以寓意九秋同庆，共贺丰收。此纹样运用于瓷器之上，似始于明代成化青花器上，与"三果""三友"等一并为其常见装饰图案。至清代，"九秋同庆"碗在康雍乾嘉四朝成为品级极高的门类，器型、纹样开始规范化。早期九秋碗多为敦式碗，后期多撇口碗，多以色地配以"九秋同庆"纹样，形成一种固定搭配。尤其是花中虞美人，是康熙、雍正、乾隆三朝画珐琅

图7 珊瑚红地洋彩九秋同庆花卉纹碗图案细节

图8 齐白石 《九秋图》
中国嘉德 2019 年秋季拍卖会
估价：RMB22,000,000—32,000,000
成交价：RMB26,450,000

与洋彩器中最受青睐的"洋花"纹样，这与当时景德镇御窑厂督窑官唐英的个人偏爱不无关系。

翻阅清宫档案，可以看到雍正皇帝亲自参与珐琅彩瓷的设计和制作过程，同时命其弟怡亲王统管造办处，他对使用的原料、绘画图案乃至瓷器的样式、尺寸都要一一过问，常令承作活计的造办处"往秀气里收拾""往薄里磨做""往细处收拾"，要求可谓严格，在其指导影响下，宫廷造办处、景德镇御窑厂"日常活计"都有明显的提高，雍正一朝艺术创作成就有别于康、乾两朝，起到了承前启后的作用，不仅如此，其宫廷御用瓷制作之精美，使后世有"明看成化、清观雍正"之赞誉。雍正皇帝以独到之美学眼光，毕生追求精致典雅、宫廷气质。而延续自康熙朝日渐成熟的珐琅工艺，亦于雍正朝臻于完美，其煌煌全盛之境界，兼容并蓄之精神，在此对珊瑚红地洋彩九秋同庆花卉纹碗上可谓体现得淋漓尽致，也最能彰显三代帝王所追求之"文治功业"和"大国气象"。

注释

[1] 廖宝秀：《从色地画珐琅与洋彩瓷器谈文物定名问题》，《故宫文物月刊》，2009 年，第 321 期。

[2] 廖宝秀：《华丽彩瓷：乾隆洋彩》，台北故宫博物院，2008 年。

[3] 廖宝秀：《典雅富丽——故宫藏瓷》，台北故宫博物院，2013 年。

亦自出蓝宝色浮

雍正仿汝釉如意耳盘口瓶

铁元神

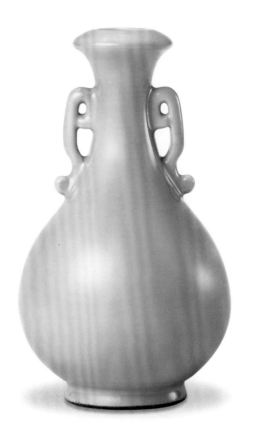

图 1　清雍正　仿汝釉如意耳盘口瓶
中国嘉德四季 2019 年第 53 期迎春拍卖会
估价：RMB1,200,000—2,200,000
成交价：RMB9,315,000

图 2　清雍正　仿汝釉如意耳盘口瓶底款

　　仿古瓷是清代景德镇御窑瓷器生产中的一个重要品种，而单色釉仿古瓷器是其中的主要产品。清代官窑复兴后，制瓷技术不断革新，不少仿宋瓷产品可以达到"以假乱真"的程度，有些甚至超过了原作的水平。

　　这件仿汝釉如意耳盘口瓶（图 1），出自香港著名收藏家"天民楼"主人珍藏，盘口内卷，细颈，颈部饰以对称的双如意耳，垂腹，外撇式圈足。足端修削规整圆润，胎骨坚实致密，露胎处刷酱褐色护胎釉，通体施天青色仿汝釉，釉色宁静淡雅、娇嫩可人，釉面滋润凝重，有玉质感。底心落青花篆书"大清雍正年制"三行六字款，青花发色深沉，笔力雄厚，为标准雍正官窑款（图 2）。

图3　宋代　汝窑淡天青釉三足尊　故宫博物院藏

　　在中国陶瓷发展史中，宋代名窑辈出，以"汝、官、哥、定、钧"为代表的宋代五大名窑精品，凭借其精致的造型和典雅的釉色，流传于历朝宫廷中，被历代帝王把玩、视若珍宝（图3）。随着时间的推移和鉴赏的加深，帝王已经不仅满足把玩宋器，更希望将这些精美的作品重现于当世。因此，明代时皇宫就曾发送宫廷中旧藏宋瓷样品，令景德镇御窑厂仿制，文献称之为"发宋器"。清人蓝浦《景德镇陶录》载："（宣德仿汝）又有冰裂鳝血纹者，几与官、汝窑敌。"可见仿汝瓷（釉）技术在明代已臻于成熟（图4）。

　　清代立国后，随着统治的稳固和社会的安定，御窑厂重拾这一技艺，唐英《陶成纪事碑记》所载："仿铜骨无纹汝釉，仿宋器猫食盘，人面洗色泽；仿铜骨鱼子纹汝釉，仿内发宋器色泽。"清宫内务府造办处《内务府造办处各作成做活计清档》亦载："（雍正六年）四月二十日，太监刘希文、

图 4　明宣德　仿汝釉蟋蟀罐　故宫博物院藏

王太平、王寿贵交来做仿汝窑胆瓶一件。"由此可知，清代雍正时期景德镇御窑厂就已开始仿烧汝窑（釉）瓷器，而且所仿汝釉瓷器可分为无纹汝釉和鱼子纹汝釉两类。

　　雍正朝景德镇御窑厂仿汝釉瓷器主要模仿北宋汝窑釉色，虽然慕古，但不泥古，所仿烧造型多为本朝新创。除此之外，雍正仿汝瓷器足底露胎处刷有酱褐色护胎釉，底心落青花款亦为雍正仿宋汝之特征。

　　若按《陶成纪事碑记》所记，这件盘口瓶应属雍正仿汝釉之无纹汝釉类别。就造型而论，其主体部分恰似由一只雍正时期的玉壶春瓶化裁而来。瓶口内卷，颈部置双如意耳，使器物线条曲直对比强烈，使单一的天青釉产生了丰富的节奏感，表明雍正单色釉瓷器的烧造在达到均匀纯正后，又努力追求细致变化，从而追求更高的审美理想。本品在模仿宋汝的基础上，提炼出极具代表性的线条，结合瓷器本身的材质加以应用，使器物平添古朴庄重之感，尤其是耳部的处理达到了画龙点睛的艺术装饰效果。同类型耳部装饰目前仅见于同期单色釉器类，如故宫博物院收藏的一件雍正仿汝

图 5　清雍正　仿汝釉如意耳扁瓶　故宫博物院藏

釉如意耳扁瓶（图 5），其耳部的处理与本品极为相似，可资参考。此外，就功用而言，通过雍正《十二美人图》中"持表对菊""美人展书"等画面中相同大小的仿汝或仿官釉器物的情景再现，推测这件盘口瓶应属于当时的宫廷陈设用瓷，且极有可能是一件陈设于案牍的花器（图 6）。由此可以想象在某个秋高气爽的日子里，清宫美人在庭院中采摘几枝秋卉，置

图 6 清雍正 《十二美人图》中桌上可见的仿汝窑瓷器

于闺中青翠欲滴的如意耳瓶中，供设于案头，读书、品茗、赏花，意境高雅，闺中的品味和格调便可骤然而生。

明代宣德时期就有仿汝窑的器物出现，但仿制最为成功的是清代雍、乾时期，尤其是唐英任督陶官的那一段时间，即雍正六年（1728）至乾隆二十一年（1756）。这一时期是清代御窑烧造的顶峰，也是烧制仿汝釉器物的顶峰。如唐英《陶成纪事碑记》载："厂内所造各种釉水、款项甚多，不能备载。"有"仿铁骨大观釉""仿铁骨哥釉""仿铜骨无纹汝釉""仿铜骨鱼子纹汝釉"等，品类之多，不胜枚举。此时，仿宋汝釉瓷器的成功，与皇帝的品味、督陶官的努力及景德镇瓷器生产技术的提高都是休戚相关。纵观清代瓷器生产史，雍正仿汝釉瓷器及其他单色釉瓷器是一个高峰。雍、乾以后虽有同类作品生产，但就质量而言，已不可同日而语。

数枝荣艳
足长占四
时春

数竿风叶影，低映小花红

清雍正瓷胎画珐琅节节长春白地盅

刘旸

图1　清雍正　瓷胎画珐琅节节长春白地盅
口径：6.25 厘米　高：4.45 厘米
释文：数枝荣艳足，长占四时春　钤"凤采"印
款识："雍正年制"蓝料楷书款
中国嘉德 2016 年春季拍卖会
估价：RMB18,000,000—25,000,000
成交价：RMB22,425,000

　　瓷（磁）胎画珐琅器是一种工艺考究、制作不惜工本且产量极低的清代宫廷御用瓷，是中国古代陶瓷生产工艺发展到顶峰的产物。雍正时期是其生产技术成型的关键期，在世宗皇帝的高度关注和严苛要求下，一批精妙绝伦的瓷胎画珐琅器应运而生。

　　中国嘉德 2016 年春季拍卖会上，一件尤为珍贵的白地盅（图1，下文称本品）现身。这是出现在中国大陆地区拍卖市场的首例雍正瓷胎画珐琅器。本文从三个方面对这件珍品进行深入剖析。

　　首先，我们从《内务府造办处各作成做活计清档》（简称《活计档》）入手找寻本品的踪迹；其次，我们从器物本身着手，观察其纹饰、诗文、书法以及钤印的内涵，感悟这枚掌间小品饱含着何等的巧思妙意；最后，我们将对比在拍卖市场中出现过的另外两件雍正瓷胎画珐琅器，为此类珐琅器的价值衡量提供参考。

一、《活计档》中的记载

《内务府造办处各作成做活计清档》，是清宫造办处承办各项御用活计的具体记录，自雍正元年（1723）始，至宣统三年（1911）止。造办处官员承接活计后，即依次登录造册，形成最初的《旨意题头底档》，之后再整理出供皇帝御览和内廷查阅的详实档案，即《内务府造办处各作成做活计清档》。

雍正朝《活计档》中关于瓷胎画珐琅的记载颇多。我们可以根据档案的记载以及工艺的变化，以雍正七年（1729）为界将雍正时期瓷胎画珐琅器的生产分为两个阶段：

雍正七年之前的制品多以色地花卉装饰，底双方框内青花书"雍正御制"四字楷书款，是延续康熙瓷胎画珐琅的作品（图2）。此类作品属于早期的瓷胎画珐琅器，其所用瓷胎仅内壁施釉，外壁为涩胎，需采用填满色地不留白的装饰方法，特征明显。

到了雍正七年情况则发生了变化，瓷胎画珐琅器开始大量使用里外满釉的精细白瓷，如《活计档·珐琅作》记载雍正七年二月："十九日，怡亲王交有釉水磁器四百六十件（系年希尧烧造）。郎中海望奉王谕：着收着，遵此。于本日将磁器四百六十件交柏唐阿宋七格讫……"

这批景德镇御窑厂烧制的内外有釉的白瓷被运至宫中，在造办处珐琅作陆续加工成一种更为珍贵的瓷器——白地画珐琅器。这类画珐琅器的烧制，与雍正六年造办处珐琅料的自主烧炼成功是分不开的。查看《活计档》雍正六年（1728）记事杂录七月十二日条可知，除原有进口的九种珐琅料，造办处又新炼珐琅料九样，并新增珐琅料九样。如此丰富且可持续获得的珐琅料，为将色地花卉之外的其他题材运用于瓷胎画珐琅器之上创造了条件，促成了这种白地瓷胎画珐琅作品的诞生。

通过以上对于《活计档》中瓷胎画珐琅器制作状况的梳理，我们可以将这件白地画珐琅器的制作时间认定在雍正七年至十三年之间。

进一步翻阅雍正七年以后的《活计档》，我们还有更多发现：

十七日（雍正九年四月），内务府总管海望持出白磁碗一对。奉旨：

图2　清康熙　黄地开光珐琅彩花卉纹碗　故宫博物院藏

图3　清雍正　瓷胎画珐琅绿竹长春碗　台北故宫博物院藏

着将此碗上多半面画绿竹，少半面着戴临撰字言诗诵题写。地章或本色，或合配绿竹，淡红或何色，酌量配合烧珐琅。记此。……于八月十四日，画得有诗句绿竹磁碗一件，司库常保呈进讫。（《活计档》雍正九年·珐琅作）

《活计档》中此条描述，与本品纹样十分相近，惟器型是碗。这件"有诗句绿竹磁碗"现存于台北故宫博物院中（图3），亦绘绿竹、月季，所题诗句亦与本品相同。

十九日（雍正九年四月），内务府总管海望奉上谕：着将有釉无釉白磁器上画久安长治芦雁等花样烧造珐琅，钦此。于五月初三日画得久安长治碗一件、飞鸣宿食芦雁碗一件……内务府总管海望呈览。奉旨：准照样烧珐琅的。钦此。于十二年十二月二十八日，做得……寿竹长春四寸碟一对……（《活计档》雍正九年·珐琅作）

这对"寿竹长春四寸碟"也可在台北故宫博物院藏品中找到实例（图4）。其所绘绿竹、月季均与本品极为相似，题写诗句相同，句首所钤朱文印亦为"凤采"。

综上可知，与本品纹样相似、诗句相同的对碗、对碟，实物均典藏于台北故宫博物院，皆见于《活计档》，实物与档案完美印证，可谓珠联璧合。而有关本品的记载，也出现于随后的《活计档》中（图5）：

图4　清雍正　瓷胎画珐琅绿竹长春碟　台北故宫博物院藏

图5　清雍正　《活计档》中关于瓷胎画珐琅节节长春白地盅的记载

初四日（雍正十年五月），据圆明园来帖内称：本日首领萨木哈持出珐琅水墨牡丹酒圆一对、珐琅绿竹酒圆一对，说太监沧州传：着配做合牌胎糊黄绢匣二件盛装，记此。于本月十四日，配做得合牌胎糊黄绢匣二件，并原交珐琅酒圆二对，司库常保呈进讫。（《活计档》雍正十年·匣作）

《活计档》中提及需要配匣的"绿竹酒圆一对"中的一只即是本品"瓷胎画珐琅节节长春白地盅"。根据这对"酒圆"的配匣时间，我们进一步将本品的制作时间确定在雍正七年至雍正十年这短短三年之中。

二、诗、书、画、印的巧妙结合

这件盅小巧玲珑，不盈一握，于方寸之地集结了诗、书、画、印四种元素，构图、点题之巧妙，实令人叹为观止。而这诗、书、画、印的每一元素都颇值得玩味。

诗

雍正瓷胎画珐琅器上所题诗句均为五言或七言诗。台北故宫博物院余佩瑾认为这些诗句皆可从康熙朝编纂收录的御定诗集中找到出处[1]。诗文"数枝荣艳足"（图6）一句化自宋代韩琦的《月季花》，韩琦原句为"何似此花荣艳足，四时长放浅深红"。而"长占四时春"一句，则摘自明人张新的《月季花》，原句为"惟有此花开不厌，一年长占四时春"。由此可知，所题两句诗文"数枝荣艳足""长占四时春"，均为描述月季花的佳句。而后一句则尤得雍正帝青睐，其御制诗"奇石尽含千古秀，好花长占四时春"（《国朝宫史》卷十三）亦化用了"长占四时春"句。

书

谈及雍正瓷胎画珐琅器物上的诗文书法，便不得不提及武英殿待诏戴临。台北故宫博物院邱士华通过对戴临传世书法作品与瓷器中的题句诗进行风格对比，证明雍正瓷胎画珐琅器的题句诗均出自戴临之笔[2]。其实，

图 6 清雍正 瓷胎画珐琅节节长春白地盅上的诗文

戴临不仅是瓷胎画珐琅器题句的书写者，而且有着雍正皇帝"代笔"的身份。这也可从《活计档》找到依据：

> 二十日（雍正九年十月），司库常保、首领太监萨木哈奉上谕：将珐琅葫芦做九个，画斑点，烧葫芦色，盖子镀金。其葫芦上字照朕御笔，着戴临写……（《活计档》雍正九年·珐琅作）

画

本品的画面只有两个主角，即绿竹和月季。竹子因其笔直凌霄、四季长春且竹节中空的特性，常被用来象征正直、虚心的君子，故而备受雍正皇帝的喜爱。故宫博物院藏有一幅《平安春信图》（图 7），画中长者手持梅枝交与年轻人，这一画面被解读为雍正帝传位于乾隆帝的象征。在二人身后即有直耸云霄的翠竹两株，此场景颇可反映出雍正皇帝对于竹之喜爱。

图 7　清雍正　郎世宁　《平安春信图》　绢本设色　故宫博物院藏

图8 本品上朱文印"凤采"

图9 清雍正 瓷胎画珐琅鹊竹碗 台北故宫博物院藏

而月季花也称"长春花"，因其娇艳长春而广受喜爱。从前文可知，"数枝荣艳足""长占四时春"两句皆咏月季花，题句诗与主题纹样暗合，含而不露，巧藏玄机，颇见巧思。

印

句尾所钤一方朱文印"凤采"（图8），也是瓷胎画珐琅器中常常出现的印文。通观瓷胎画珐琅器上的钤印，可分为句首印和句尾印，绝大部分是句首钤一长方朱文印，句尾钤一正方白文印和一正方朱文印（亦有少部分钤二朱文印），而口径小于7厘米的小盅，则只在句尾钤一长方朱文印。翻阅台北故宫博物院《金成旭映——清雍正珐琅彩瓷》一书展品，凡钤"凤采"印者，画面中必有竹子，由此可确定"凤采"印便是竹子的象征。以"凤采"指代竹的用意，似乎可从台北故宫博物院藏雍正瓷胎画珐琅鹊竹碗（图9）的题句中找到答案，其题句为"葱翠知何似，朝阳见凤毛"。此句化自明人商辂的《墨竹》，原句为"一林苍玉发新梢，仿佛朝阳见凤毛"。翠竹与凤采有明显的呼应关系。

综上，本品主题纹样描绘绿竹与月季，题句诗描写月季花，钤印则选用代表竹子的"凤采"，体现了雍正瓷胎画珐琅器诗、书、画、印完美结合的良苦用心。

定名

从上述雍正十年五月初四日《活计档》的记录看，本品在造办处活计档案中简记为"绿竹酒圆"。然而翻检道光十五年七月十一日立《珐琅、玻璃、宜兴、瓷胎陈设档案》（下简称《陈设档》），并无名为"绿竹酒圆"的瓷胎画珐琅器，显然"绿竹酒圆"并非正式名称。而《陈设档》中却有"瓷胎画珐琅节节长春白地盅一对"，该名称与本品则完全契合："节节"毫无疑问指代绿竹，"长春"化自本品题句诗"长占四时春"的首末二字，此诗句又吟咏月季，月季亦称长春花。如此，依照《陈设档》恢复本品在清宫中的命名"瓷胎画珐琅节节长春白地盅"是再恰当不过的了。

图10　清雍正　瓷胎画珐琅瓷胎画节节长春白地盅　庄绍绥先生藏

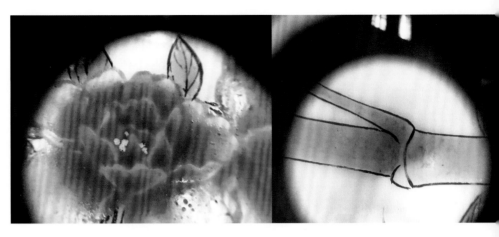

图 11 本品上的月季与竹

三、拍卖市场中的雍正瓷胎画珐琅器

谈及这件雍正瓷胎画珐琅节节长春白地盅，就不得不提到一件与它几无二致、更为大家所熟知的雍正瓷胎画珐琅盅（图 10）。这件画珐琅盅先后于伦敦苏富比 1971 年 7 月 6 日、香港苏富比 1988 年 11 月 15 日以及香港佳士得 1999 年 4 月 26 日拍卖会中拍卖，经白纳德夫妇、徐展堂先生递藏，现为香港收藏家庄绍绥先生所有，并著录于《庄绍绥收藏中国瓷器》（*The Alan Chuang Collection of Chinese Porcelain*）一书中。本品与庄氏所藏瓷胎画珐琅盅无论器型、诗文、钤印，以及底款均完全相同，仅是竹叶、月季花姿态有所差异。本品竹丛之中还藏有月季花一株，并将藏蕊的动态表现得更为细致入微（图 11）。

无论是《活计档》所记"绿竹酒圆一对"，还是《陈设档》中称"瓷胎画珐琅节节长春白地盅一对"，可知本品一定曾为一对，而另一只则非庄氏藏品莫属。根据台北故宫博物院廖宝秀的研究："康雍乾三朝制作的画珐琅器，无论何种胎地，都是成对烧造……雍、乾两朝瓷胎画珐琅器上的构图虽为一对，但画样、布局并不全然相同。"[3]这种同中有异的装饰风格，尤其凸显了雍正时期瓷胎画珐琅器设计之极致巧思，同时更加肯定了本品与庄绍绥先生收藏确为一对无疑。

图 12　清雍正　珐琅彩赭墨梅竹图碗
佳士得香港 2015 年秋季拍卖会
成交价：RMB69,982,040

　　审看近年拍卖记录，雍正瓷胎画珐琅器实在寥寥无几，本品更为大陆地区之首例。放眼全球拍卖市场，最近的一例雍正瓷胎画珐琅器为 2015 年 12 月 2 日香港佳士得秋季拍卖会"疏影暗香——雍正珐琅彩赭墨梅竹图碗"专拍第 2888 号"清雍正珐琅彩赭墨梅竹图碗"（图 12）。

注释

[1] 余佩瑾：《念哉思（斯）意厚，努力事春耕——清乾隆瓷胎画珐琅春耕图瓶选介》，《故宫文物月刊》，第 310 期，第 25 页。

[2] 邱士华：《雍正朝的多能之士——由〈戴临杂书画册〉谈起》，《故宫文物月刊》，第 319 期，第 59 页。

[3] 廖宝秀：《是一是二——雍乾两朝成对的瓷胎珐琅彩》，《故宫文物月刊》，第 279 期，第 13 页。

一番吟赏一番看

乾隆青花粉彩缠枝花卉开光梅菊图御制诗文柿蒂耳瓶　刘旸

　　中国画讲求诗、画相配，画中要见诗情，诗中能觅画意，文人画尤是，画中若少诗意，即便工巧无双，终是徒有匠气，诗情画意俱佳，乃属神品。

　　有清一代，是中国古代文化最后一座高峰，清帝王虽起于关外，定鼎中原后亦尊奉孔孟之道，沿袭汉家文脉，逐渐接受了汉化的生活方式，他们的起居用度也无不打上汉文化的烙印。就御用瓷器而言，自雍正帝起，便极力追求诗、书、画、印齐全的风格，完美契合了诗情画意的文人精神。于是，这类作品便不止是精致的工艺品，而且是卓绝的艺术品，达到了制瓷史乃至艺术史的顶峰。这件乾隆青花粉彩缠枝花卉开光梅菊图御制诗文柿蒂耳瓶便是这类艺术品的绝好代表。

一、乾隆皇帝亲作御制诗

　　这件御制诗文柿蒂耳瓶（图1，后文简称"本瓶"）糅合了大清盛世最高超的艺术因素——御窑厂的制瓷圣手、宫廷画院的杰出粉本、国内顶级的青料粉彩……而最令其身价倍增的则是清高宗乾隆皇帝亲作的两首御制诗（图2）：

> 幽谷香凝冰玉腮，寻芳才见一枝开。
> 雪封野径行行远，春到山村得得来。
> 最爱轻盈含数点，莫愁狼藉落成堆。
> 明窗雅助新诗兴，坐上曾延荜绿陪。
>
> 霜华点染素花寒，枫叶纷披柳叶残。
> 篱下爱看白玉盏，枝头忽作紫金盘。
> 晚芳摇落香犹在，冷艳依迟秀转攒。
> 我是诗人亦花史，一番吟赏一番看。

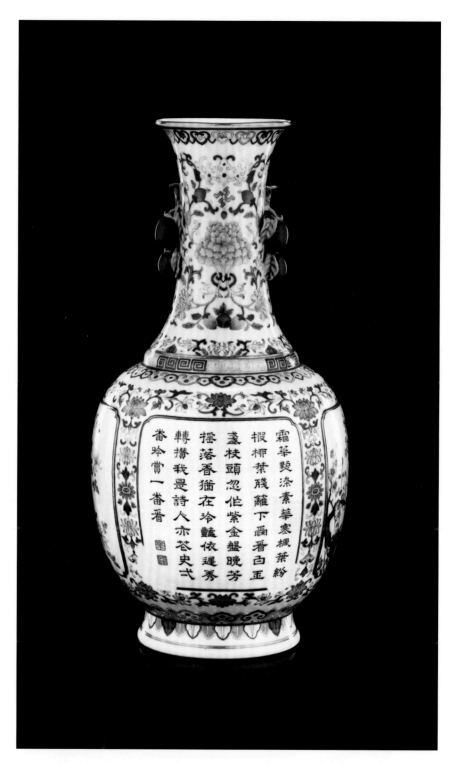

图1　清乾隆　青花粉彩缠枝花卉开光梅菊图御制诗文柿蒂耳瓶
中国嘉德 2013 年春季拍卖会
成交价 RMB27,025,000

图2　瓶身上的诗文

第一首诗咏梅，是乾隆帝即位前青年时代的作品[1]。主要表现诗人雪中探梅，偶有所得，仙风临身之感。首联用拟人手法描写了幽谷雪中梅花的姿态，表达了诗人偶见寒梅时的愉悦心情；颔联写幽谷胜境，冬春交际之时，山村路旁的雪迹未消，但春意已伴梅花而来；颈联描绘了梅花的种种姿态，即便是花落之时也别有一番情趣；尾联表达了诗人在赏梅之际，心情愉悦，触动了诗情，同时也感到仙风拂面，好像有萼绿华仙人来陪伴自己[2]。乾隆帝是历史上最多产的诗人，诗作多达四万三千六百三十首。很多题材多反复吟咏，咏梅之诗亦不在少数。这首皇子时代的旧作，得以出现在四件乾隆晚期至嘉庆早期以梅为题材的御用瓷作之上，可见为青年皇子的得意之作，以至在晚年还津津乐道。

第二首是一首咏菊诗。首联描绘了菊花生长于萧瑟秋风中，连耐寒的枫叶和柳叶都早已凋残；颔联，白玉盏和紫金盘都是富贵帝王所习见的美好事物，恰被诗人拿来表现菊花优美的姿态；颈联是说即使花瓣凋落仍香气犹存，便是把玩于手，其冷艳秀美姿态不改，巧妙歌颂了菊花清高的格调；尾联，诗人已不仅是旁观的赏花人，而是化身为花史，融入忘我的境界。

梅花和菊花是雍正、乾隆这对帝王父子的钟爱之物，在两朝的瓷胎画珐琅器上曾大量采用。于是乾隆帝的诗便和这脱俗的花儿一道出现在帝王晨星把玩的风雅之物上。晚年的乾隆皇帝深深陶醉于自己的文治武功中，陶醉于他治理下大清帝国的国泰民安中，在志得意满之余，他便将更多的精力投注于平生所追求的艺术享受中，于是便有了这件御瓷极品的问世。

从目前传世的乾隆朝御瓷看，乾隆皇帝御制诗文多见于三清诗茶具和各式壁瓶两类。除此之外，还有极少数的文房和陈设器，这些带有御题诗文的器物，特别是其中的陈设器，无疑都是置于乾隆帝身边，是深受高宗皇帝垂爱的心头之物，工艺水平自然登峰造极，意义、档次更是非比寻常，本瓶便是个中佳例。

图3　清乾隆　青花粉彩缠枝花卉开光梅菊图御制诗文柿蒂耳瓶的梅花图案面

二、造型、纹饰及工艺

本瓶瓶口颈呈喇叭形，两侧分别堆塑柿蒂附耳，腹部圆润而修长，圈足外撇，整体造型挺拔俊朗，线条流畅而不失节奏感（图3）。这类瓶形首创于乾隆朝，由于其腹部空间开阔，既便于通景作画，也可运用开光手法布局，修长的颈部可堆塑各式双耳，亦可不加修饰，从而使这一瓶形具有极强的可塑性，再加之其自身造型隽美出众，因此自出现之时，即成定式，一直流行至嘉、道两朝，并衍生出多种相似造型、加饰各式双耳的器物，是乾隆朝以降最为成功的创新瓷器造型之一[3]。

本瓶主体纹饰作于腹部四面开光之中，开光为长方倭角形，凸起于瓶身之上，从而起到突显其中内容的作用，同时也使画面更具立体感，但这种装饰方法增加了瓶颈与瓶腹胎体的厚度差，对制胎和烧造温度的控制提出了更高要求，因此这一方法在此时也仅用于少量高档御窑瓷作之中。

四面开光之中的正背两面分别以墨彩隶书书写乾隆皇帝两首御制诗，诗作末尾分别钤"乾隆""宸翰"朱文、白文印。这一钤印方式，也是乾隆时期御制瓷器书写御题诗文时所惯用的。两侧面开光中分别描绘诗中所赞咏的秋菊与冬梅（图4）。菊花图以各色不同品种的秋菊为主体，花朵漫生于画面之中，或含苞、或绽放，左上一隅，一只秋虫闻香而至，既巧妙填补了画面空白，又为花朵增添了动感与生气。梅花图中一株梅树于画面下方蜿蜒而出，左右伸展，布满整个画面，梅树枝头不见枯叶，唯有粉、白两色梅花傲雪而生，一株火红山茶与梅树同栖同生，绽放于梅干一侧，不仅为画面增添生机，也预示着春日将近。两幅图画构图并不以饱满取胜，而是注重花朵之间的距离感与空间感，再搭配清雅的设色与细腻清秀的笔风，给观者一种温和沉静，而又不失富贵的美感。

本瓶辅纹以釉下青花和釉上粉彩交相绘制而成，口沿、肩部及足径分别以粉彩描绘如意云头纹、回纹及蕉叶纹，将整个瓶身分为颈部及腹部两部分，分别绘制缠枝花卉图案，但纹饰主题不尽相同，颈部以粉色双犄牡丹花为主体，花朵、枝叶间穿插蝙蝠、万字结与红色柿果，其中柿果意在与瓶耳相互呼应。腹部四开光周围则绘制明清御窑瓷器上最为经典的缠枝莲花图案，其间缀有宝磬，与颈部所绘蝙蝠、万字结共同表现"福庆连绵"

图 4　细节局部

图 5　款识

的美好寓意。整器纹饰绘画笔法工整细腻，用色种类丰富、色泽艳丽，而最为点睛之处在于其部分枝叶以青花绘制而成，发色淡雅，避免了因布局紧凑而产生的繁复之感，从而使整个图案在不失富丽堂皇的同时还透着一股清柔之气。

细心观察还可发现，本瓶主辅纹饰分别采用的牡丹、莲花、菊花、梅花，四种花卉恰好组成一个四季轮回，这应该不是简单的巧合，而是包含着设计者蕴藏于其中的精巧心思。

瓶内部和底部施松石绿釉，釉色清澈亮丽，色泽比嘉、道等朝所用松石绿釉浅淡，这正是乾隆晚期高档御窑器所施松石绿釉的典型颜色。瓶底部松石绿釉中心留有长方形空白，以矾红彩书写"大清乾隆年制"六字三行篆书款，款识书写流畅洒脱，一气呵成。（图 5）

乾隆御窑粉彩瓷作大致可分为白地粉彩、色地粉彩和青花粉彩三类，在瓶类陈设瓷中以色地粉彩最为常见，白地粉彩次之，青花粉彩数量最少，而纵观整个清代御窑烧造史，青花粉彩器的烧造也为数不多，仅在乾隆晚期和嘉庆早期有略多的作品传世，之前及之后均十分罕见，因此青花粉彩技法既是本瓶在工艺运用上的成功之处，也是其稀缺性的一个重要表现。

清代御窑盛行仿制明代瓷器品种，青花、斗彩、各色一道釉均多有仿作，唯有青花五彩器在康熙朝以后即基本绝迹。本瓶所采用的青花粉彩技法在工艺传承角度也有着重要意义，是以釉下青花与釉上彩料共同组成纹饰图案的一种装饰技法，与明代青花五彩可谓一脉相承，这可以说是嘉万五彩在乾隆朝的一次新生。

图6　局部

三、独特的柿蒂形耳

　　如果说书写御制诗文和青花粉彩技法的运用在目前所见的乾隆御窑瓷器中还有例可寻的话，那么本瓶最为独特之处就在于其所采用的柿蒂形耳（图6）。柿子是中国土生水果，已有一千多年的栽培历史，唐代笔记《酉阳杂俎》载："木中根固，柿为最。俗谓之柿盘。"因此中国古代建筑图案中多用柿蒂纹样，寓意坚固结实，同时柿子因其谐音又寄托了人们祈求"事事如意"的美好向往。以柿蒂为耳，搭配颈部所绘的万字结，象征乾隆皇帝治下的大清帝国江山稳固、流传万世。值得一提的是，本瓶颈部所堆塑的柿子小不盈寸，显然不是平时所食用的品种，应是我国古代医书中记载的具有清热利湿、凉血解毒功效的"小柿子"，或是清代农书《广群芳谱》中所载用于观赏的"蕃柿"。

　　乾隆御窑瓶类作品盛行以各式祥瑞之物堆塑双耳，多见螭龙、夔凤、蝠磬、寿桃等，但以柿蒂为耳的作品，在目前所知的藏品资料中从未见过相同例子，仅从此处着眼，称本瓶为孤品，实不为过。

四、相似作品

目前所见公私收藏中有三件作品与本瓶较为相似，现对比如下：

1. 香港佳士得 1995 年春季拍卖会第 673 号清乾隆青花粉彩缠枝莲开光梅菊图御制诗文螭耳瓶（图 7）。同样以青花粉彩技法绘制，开光诗文与所绘梅菊形态也极为相似，但其造型与本品不同，肩部堆塑螭龙耳，辅纹也比本品简单，仅绘缠枝莲花与蝙蝠，且底落六字青花篆书款。

2. 故宫博物院藏清嘉庆黄地粉彩福寿开光梅菊图御制诗文螭耳瓶（图 8）[4]，此件作品造型及主体纹饰与本品几乎完全相同，唯双耳造型为螭龙，辅纹饰以黄釉为地绘福寿纹。根据其通体满绘红蝠及寿桃的装饰手法判断，此螭耳瓶应是嘉庆元年至嘉庆三年间，嘉庆皇帝为太上皇帝庆寿而烧制的。

3. 香港苏富比 1986 年秋季拍卖会第 27 号（香港苏富比 2003 年春季拍卖会第 199 号、香港苏富比 2008 年春季拍卖会第 2853 号）清嘉庆黄地粉彩福寿开光梅菊图御制诗文灯笼瓶（图 9）[5]，此灯笼瓶与本瓶主体纹饰基本相同，但在造型、辅纹饰等方面均有所差别，特别是所绘梅菊图内容相比佳士得拍品及本品有了一定变化（故宫博物院藏品未公布梅菊画面图片），辅纹饰也以福寿为主题，其烧造年代和目的应与故宫博物院藏品相近。

所以，将文中的柿蒂耳瓶与上述三件作品进行对比我们可以发现：

1. 此类御制诗文瓶分别为乾隆晚期高宗皇帝钦定烧造及嘉庆初年为太上皇帝乾隆庆寿所作，在工艺水平方面可谓登峰造极，并且具有无与伦比的高贵地位。

2. 上述四件作品所书御制诗文的书体均为隶书，书写风格也极为相似，但仔细观察可以发现其中某些字的书写笔画彼此之间略有差异，说明四件作品虽然烧造时段相近，但具体时间应略有先后。

3. 本瓶与佳士得第 673 号拍品（图 7）在工艺技法及纹饰方面最为相近。故宫博物院所藏嘉庆朝作品（图 8）在造型和主体纹饰方面均以本瓶为母本，且两件嘉庆朝作品（图 8、9）均为矾红书款，仅佳士得拍品以青花书款，结合上述两点判断，本瓶烧造年代很可能比佳士得拍品更为靠近嘉庆朝。

图 7　清乾隆　青花粉彩缠枝莲开光梅菊图御制诗文螭耳瓶
香港佳士得 1995 年春季拍卖会第 673 号

图 8　清嘉庆　黄地粉彩福寿开
光梅菊图御制诗文螭耳瓶
故宫博物院藏

图 9　清嘉庆　黄地粉彩福寿开光梅菊图御制诗文灯笼瓶
香港苏富比 1986 年秋季拍卖会第 27 号
香港苏富比 2003 年春季拍卖会第 199 号
香港苏富比 2008 年春季拍卖会第 2853 号

　　4. 苏富比拍品（图 9）灯笼瓶除诗文中个别字体与本瓶不同外，在梅
菊图的内容上也出现了较大的变化，因此其时代很可能比故宫博物院藏嘉
庆朝作品更晚。

　　综合以上论证，我们大致可以判定这四件作品的烧造年代依次为：佳

图1、7、8、9款识

士得第673号拍品（乾隆）、本瓶（乾隆）、故宫博物院藏品（嘉庆）、苏富比第27号拍品（嘉庆）。本瓶在序列中处于乾隆向嘉庆过渡的关键时期，对嘉庆同类器物的烧造具有极其重要的指导意义，而且本瓶运用了极为少见的青花粉彩技法，又装饰了独一无二的柿蒂造型附耳，因此无论从艺术性、工艺性和特殊性等方面衡量，综合价值当居四器之冠。

注释

[1] 诗出自《御制乐善堂全集定本》，是高宗皇帝在皇子时期的诗文集，于乾隆二十三年修成定本，并在乾隆中后期编入《四库全书》。

[2] 萼绿华仙人典故，源于晋代，是一位美丽脱俗而不请自来的道家仙人。

[3] 耿宝昌：《明清瓷器鉴定》，紫禁城出版社、两木出版社，1993年，第262页，图449；第294页，图498；第301页，图508。

[4] 《故宫博物院藏文物珍品大系——珐琅彩·粉彩》，上海科学技术出版社、商务印书馆（香港），1999年，第192页，图169。

[5] 《香港苏富比三十周年》第318页，图362。

忆昔入桃源

乾隆御制青花夹洋彩通景『桃花源』图双耳活环大瓶

张心洁

一派祥和之景笼罩于以淡蓝料彩轻抹于上的霭霭云气之下,如梦似幻。细品此洋彩图,似是一幅山水画卷从纸上跃然瓶身,达成从二维至三维图像的完美转换(图1)。

一、叙事性图案的历史

最早出现于陶器上的叙事性图画,为新石器时代的鹳鱼石斧图缸(图2)。此缸身上绘有立鹳、大鱼与石斧,与此时期多绘水波纹或蛙纹等几何线条的陶罐有明显区别,似是在叙述一个故事。

另有一三国时代的现藏南京市博物馆之青瓷褐彩壶,肩上饰一周贴塑佛像装饰,周身以褐彩绘制仙境图,共同组成了一幅佛教绘画(图3)[1]。后可见一出土于辽代韩佚墓的越窑刻花宴乐人物执壶,画有文人举觞、觥筹交错的一系列图像,呈现出宴乐雅集的画面(图4),此执壶现藏于首都博物馆[2]。

上述带通景画的陶瓷器物于其所在的各个时代均为凤毛麟角之品物。直至元代,叙事性的通景图画才渐渐成为陶瓷装饰艺术的主流。其中最有代表性的,为元代的几件重要的青花山水人物故事大罐。元青花大罐以历史上的著名事件或小说中的场景为题材,山水人物环绕器身,画工细致,栩栩如生,开创了陶瓷装饰艺术的新风格。它们散落于世界各大博物馆及私人藏家手中,均被视若瑰宝,其中元青花鬼谷子下山大罐于2005年在伦敦拍卖,成交价格更创下当时中国陶瓷的世界拍卖纪录(图5)。

至明中期及明末清初时期,以通景山水人物图装饰瓷器的风尚盛极一时,多见于青花与五彩器上。乾隆一朝继往开来,是陶瓷史上取各代所长、集大成的时代,所见既有对前朝瓷器的仿古作品,也有颇多创新之举,通景画的装饰技法在此一朝自然也沿用下来。洋彩料色泽艳丽,深浅有度,玻璃质感中又透出浓郁的油彩感,清新明快。相较于前朝瓷器上以青花或

图1 清乾隆 御制青花夹洋彩通景"桃花源"图双耳活环大瓶
中国嘉德 2018 年春季拍卖会
成交价：RMB50,600,000

图 2　新石器时代　鹳鱼石斧图缸
中国国家博物馆藏

图 3　三国吴　青瓷褐彩壶　南京市博物馆藏

图 4　辽代　越窑刻花宴乐人物执壶　首都博物馆藏

图 5　元代　青花鬼谷子下山大罐

釉上彩绘制的通景画画法，景德镇画工在乾隆一朝施彩时兼用西方绘画技法，使得乾隆洋彩器上呈现出的画面勾染皴擦，浓淡分水，立体感强，为陶瓷史上通景画的一座无可超越的巅峰。

二、乾隆时代通景画瓷

这件桃花源图双耳活环大瓶（图 1、6，后文简称"本瓶"）的瓶颈、瓶足均以青花装饰，上绘缠枝花卉间以螭龙纹，下呈如意云头纹与莲瓣纹，画工细腻、发色深浅有度，活灵活现。颈上一对螭龙耳各坠一原配金彩圆环，保存完好，殊为难得。器身以料彩细绘桃花源通景图，若以手卷论，则图画伊始处有巍峨巨石，呈拱门状立于潺潺江水之中，码头上空无一人一物，似点名此处为遗世之境。稍稍转动瓶身，桃源之景映入眼帘：岸上人物衣袖色泽鲜艳，立于桃花绿柳及松柏之间，或游船、或对饮、或遥指远处亭台楼阁品评湖光山色，意趣高雅。远处的重峦叠嶂与茫茫青翠之中，间或有小屋藏于其中，真正是"土地平旷，屋舍俨然，有良

图6 瓶上通景桃花源图细节

田美池桑竹之属"。

在本瓶上，柳树与桃花设色深浅有别，浅者似是新抽之芽与待放之花成长于枝头之上，颇为可爱。江水以极浅淡的灰蓝色料点染，潺潺江水，粼粼波光，甚是灵动。水中巨石以披麻皴与斧劈皴绘制，其中画面右侧一例更于正面大量留白，更突显其体量之硕，气势之宏，此种画法于器物上极为罕见。最令人惊叹的则属上方以蓝色料彩抹上的霭霭云气，只此一处便使画面骤若仙境，也使本瓶与乾隆一朝的其他洋彩器区别开来。

乾隆洋彩通景画器物可见于世界各大博物馆及私人收藏中，如故宫博物院收藏的粉彩八仙庆寿图云口瓶[3]、粉彩绿地婴戏图瓶[4]。

南朝画家宗炳所著《画山水序》对后世的画家影响颇深，宗炳早年行遍名山大川，饮溪栖谷，醉心于山水之间。其晚年病卧于江陵，将毕生所见之山水绘于居室之壁，并言"澄怀观道，卧以游之"，观画作以幻想自己徜徉于山水之间。东晋文学家陶渊明的《桃花源记》借武陵渔人行踪这一线索，把理想和现实联系起来，通过对"桃花源"安宁和乐的场景的描绘，

图 7　明代　仇英　《桃源仙境图》
天津博物馆藏

图 8　清代　王翚、恽寿平　《桃源图》（局部）
中国嘉德 2017 年秋季拍卖会
估价：RMB1,000,000—3,000,000
成交价：RMB4,830,000

表达对美好生活的追求。这一题材，也成为了众多画家的灵感来源与畅想，
如现藏于天津博物馆的明代仇英《桃源仙境图》（图 7）及中国嘉德 2017
年秋季拍卖会上的清代王翚、恽寿平《桃源图》（图 8）。

乾隆皇帝亦偏爱"桃花源"题材的书画，见于清宫旧藏者诸多。另外
他也有御制诗："忆昔入桃源，万古仙家趣。桑麻满平畴，绯英缬千树。"
然则将山水图卷绘于瓶身之上，又要近水远山，布局得当，实非易事。因
此所见乾隆一朝尺寸较大的洋彩瓶中，通景图上绘婴戏、安居、喜上眉梢
等吉祥图样的例子众多，而画山水者少。此桃花源图活环大瓶即为难得佳作，
亦甚可言于乾隆皇帝对"桃花源"的寄情之作。

三、创新的青花夹洋彩工艺

乾隆朝既为清代社会发展的鼎盛时期，亦为景德镇官窑的制瓷巅峰。
乾隆一朝在总结和发展康熙、雍正两朝工艺的基础上推陈出新，特殊品种
屡见不鲜，尤为重视全新的工艺技巧，几近鬼斧神工，令人叹为观止。论
工艺复杂之极致，当为故宫博物院藏各色釉彩瓶[5]，瓶身上共施十五种釉彩，
形体高大，装饰华丽，有"瓷母"之称，集中体现了当时景德镇御窑厂超

图 9　局部细节　　　　　　　　　　　图 10　清乾隆　粉彩婴戏图环耳瓶　上海博物馆藏

高的制瓷水准。

　　本瓶即为此时期出现的创新品种，为乾隆一朝首见，耳上两只活环与器身一次成型（图 9）。目前所见两例同器型者，一为现藏于上海博物馆的粉彩婴戏图双环耳瓶（图 10）[6]；另一例为一对 2002 年成交于香港苏富比的活环大瓶，同为青花夹洋彩的品种，只是所画通景图为婴戏题材（图 11）。

　　琢器中，乾隆朝所见凡例为全粉彩者居多，青花夹洋彩者只有寥寥几例。而本瓶身上的青花为高温钴料，绘制于颈足之上后罩透明釉，入窑以 1200 摄氏度以上的温度烧造，后再以彩料绘制通景桃花源图，并环上涂金彩，

图11　清乾隆　青花夹洋彩通景婴戏图双耳活环大瓶（一对）（活环遗失）

图12　清乾隆　粉彩山水纹灯笼尊　故宫博物院藏

图13　清乾隆　青花粉彩喜上眉梢图梅瓶　阿尔弗雷德·鲍尔 (Alfred Baur) 藏

以700至750摄氏度的低温二次入窑方得此重器。其他公私收藏之重要青花夹洋彩品，如故宫博物院藏有一件乾隆款粉彩山水纹灯笼尊（图12）[7]；另一例名品是瑞士收藏家阿尔弗雷德·鲍尔 (Alfred Baur) 所藏的青花粉彩喜上眉梢图梅瓶（图13）[8]。此二例均尺寸较小，可与文中本瓶的尺寸比较的，只有前文所提及的2002年香港苏富比拍卖的一对活环耳瓶。

注释

[1] 朱伯谦：《中国陶瓷全集・三国、两晋、南北朝卷》，上海人民美术出版社，2000 年。

[2] 朱伯谦：《中国陶瓷全集・唐、五代卷》，上海人民美术出版社，2000 年，第 152—153 页。

[3] 汪庆正：《中国陶瓷全集・清（下）》，上海人民美术出版社，1999 年，第 65 页。

[4] 故宫博物院编：《故宫博物院藏文物珍品大系・珐琅彩、粉彩》，上海科学技术出版社，
2001 年，第 121、138 页。

[5] 汪庆正：《中国陶瓷全集・清（下）》，上海人民美术出版社，1999 年，第 50 页。

[6] 汪庆正：《中国陶瓷全集・清（下）》，上海人民美术出版社，1999 年，第 51 页。

[7] 冯先铭：《清盛世瓷选粹》，紫禁城出版社，1994 年，第 15 页。

[8] John Ayers. *Chinese Ceramics in the Baur Collection*, 1999, pp. 122.124.232.233.

万古仙家趣

乾隆粉彩开光八仙过海图盘口瓶

原载《嘉德通讯》

　　粉彩，创始于康熙晚期，鼎盛在雍正、乾隆时期，它是在彩料中掺入了一种含砷的具有乳浊效果的白色彩料——"玻璃白"，有意减弱了色彩的浓艳程度，使色调更为温润柔和的彩瓷新品种。

一、"锦上添花"工艺

　　康熙晚期，粉彩瓷器初创，数量不多。雍正一朝，粉彩瓷器的烧造数量和工艺水平都有了极大的发展。至乾隆朝，由于弘历本人的格外青睐，景德镇御窑厂瓷器的生产，无论是数量还是质量都达到了历史的巅峰。官窑粉彩瓷器的制作，在保留中国陶瓷艺术精华的基础上又吸收了西洋工艺美术的优点，烧造出许多具有新意的粉彩瓷器，工艺精细、图案华贵、色彩艳丽成为这一时期官窑瓷器的特征，充分体现了乾隆本人的艺术欣赏品味。这一时期粉彩瓷器的烧制有几个特点：在白地粉彩的基础上烧制出色地粉彩；出现一种新的装饰技法，即在色地上以尖状工具剔划出蔓草纹图案，称粉彩轧道工艺，又有"锦上添花"之称，这种工艺主要是在珐琅彩和珍贵的官窑粉彩瓷器上使用；以开光和通景的形式装饰花鸟、人物、山水等图案。缤纷的色彩、精湛的工艺使得乾隆时期的粉彩瓷器具有了最为丰富的表现力和最为雍容华贵的皇家气息（图1、2）。

　　本文中的乾隆粉彩八仙过海图盘口瓶（后文简称"本瓶"）就是这样一件结合西洋画珐琅工艺与中国粉彩绘画技法于一身的美轮美奂之器（图3）。本瓶器型端庄俊秀，制作工艺难度极高。通体呈八方形，盘口，长颈，长方形腹部为八面开光，圈足外撇。首先要制作大小不等、弧度不同的三十余块瓷片，再经过粘接修胚后方能成型，同用手工拉坯即可成型的瓶体相比较，经过窑内高温烧制，导致变形和破损的概率非常大。此外工匠巧妙地在口沿、圈足以及上下各部的衔接处，塑成规整划一的

图1　清乾隆　洋彩翠地锦上添花观音瓶
台北故宫博物院藏

图2　清乾隆　洋彩黄地福寿纸槌瓶
台北故宫博物院藏

凸起装饰线，横向将瓶身分隔成六个部分。瓶身装饰图案富丽华贵，构图繁密，层次清晰。纵向以八条金彩为装饰线，将瓶身分为八个部分，整体的装饰图案被分为四十八个部分。瓶身采用了一种特殊的工艺，即与粉彩轧道工艺相反，在彩釉地上再加绘细密的蔓草纹图案。这种工艺仅在十分珍贵的瓷器上才使用。

图 3　清乾隆　粉彩开光八仙过海图盘口瓶
中国嘉德 2006 年春季拍卖会
估价：RMB5,000,000—7,000,000
成交价：RMB52,800,000

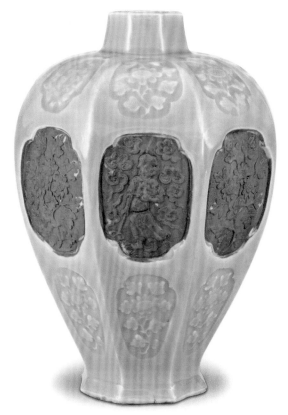

图 4　元代　龙泉窑露胎印八仙花卉纹八棱罐　大英博物馆藏

二、八仙与暗八仙

　　"八仙"是中国民间流传已久的八位道教神仙，即汉钟离、吕洞宾、李铁拐、曹国舅、蓝采和、张果老、韩湘子、何仙姑。八仙故事见于唐、宋、元、明文人的描述。元代杂剧里开始有他们的人物形象，但姓名尚不固定。明代吴元泰所著的《八仙出处东游记传》里，才确定为上述八位神仙。民间传说中有许多关于他们的故事，其中尤以"八仙过海""八仙祝寿"的故事流传最为广泛。清代开始，广为使用的"暗八仙"图案，即以八位神仙各自手持之物代表各位神仙：以葫芦和拐杖代表李铁拐，以扇子代表汉钟离，以宝剑代表吕洞宾，以阴阳板代表曹国舅，以花篮代表韩湘子，以渔鼓代表张果老，以笛子代表蓝采和，以荷花或笊篱代表何仙姑。

　　八仙图案早在元代龙泉窑瓷器上就已有使用，如大英博物馆收藏的元代龙泉窑露胎印八仙花卉纹八棱罐（图 4）；到明代时，"八仙过海""八

图 5　明正统　青花八仙庆寿纹罐　故宫博物院藏

仙祝寿"等纹样更加广为流行，如首都博物馆收藏的明成化珐华八仙纹罐，在腹部以立粉技法描绘八仙过海，栩栩如生。以及故宫博物院收藏的明正统青花八仙庆寿图罐（图5），情景丰富，涉及八仙采药、云游、遥拜等场景。在明代嘉靖、万历时期，由于两朝皇帝对道教的大力推崇，使得八仙图案更加广泛地出现在瓷器等艺术品中。至清代，瓷器烧造的工艺水平进一步提高，八仙图案也以更加丰富的形式表现出来（图6）。

　　本文中这件清乾隆八仙过海图盘口瓶，瓶腹八面开光微微外凸，主题纹饰绘"八仙过海"图。以通景的形式绘波涛翻滚的海浪，海天一色的晴天碧海为背景，将八位道家神仙赴阆苑玩赏牡丹、乘酒兴各显神通、漂洋过海的情景生动传神地表现了出来（图7）。汉钟离祖胸露乳，上披红衫，下着绿裳，立于一片粉色荷叶之上，一手捻黑色长髯，一手执扇遮于头顶，抬头凝视飞舞的红蝠；吕洞宾头戴青色巾冠，着蓝色长衫，手拂抚尘，背后仗剑，端坐于枯木槎上，槎上端系一红色葫芦；曹国舅着黑色道冠，紫色长衫，下骑一红色鲤鱼，黑色长髯迎风飘动，阴阳板在半空中飘舞，抬首凝视；韩湘子头戴巾冠，着粉色长衫，浅蓝色长裤，立于赫色螃蟹之上，

图 6　清雍正　粉彩荷塘八仙图盘　大英博物馆藏

图 7　清乾隆　粉彩开光八仙过海图盘口瓶局部

一手执锄，一手捧花篮，神态怡然自得；李铁拐着褐衫粉裤，挂杖站于白羊之上，肩背黄色葫芦，五只红蝙蝠翱翔于蓝天，仰头注视，寓"福在眼前"之美意；张果老头带黑色道冠，着黄色长衫，雪白长髯飘于胸前，手持渔鼓，坐骑黑驴；何仙姑头戴蓝色巾冠，着黄色道袍，手执笊篱托着寿桃，

图8　清乾隆　粉彩八仙过海图盘口瓶　上海博物馆藏

端坐五彩祥凤之上；蓝采和身着蓝色长衫、红色长裤，站在黑色鲤鱼背上，双手持笛悠然吹奏。八仙着装各不相同，衣衫色彩华丽浓艳，纹饰绘画细腻流畅。八位仙人仙风道骨、怡然自得的神态被淋漓尽致地刻画了出来，充分体现了乾隆时期官窑粉彩瓷器制作工艺的最高成就。

　　1995 年佳士得拍卖中曾出现的一对"清乾隆粉彩八仙过海盖罐"，在工艺技法及绘画风格上与本瓶如出一辙。另有上海博物馆收藏并展览的一件乾隆粉彩八仙过海图盘口瓶（图 8），与本瓶应为同一时期、同一窑烧制而成，查阅中国及海外各大博物馆的出版物，未再见相同传世品的资料。

万代春意浓

嘉庆洋彩穿花螭龙纹如意万代耳云口瓶

张心洁

图 1　清嘉庆　松石绿地洋彩穿花
螭龙纹如意万代耳云口瓶
中国嘉德 2019 年春季拍卖会
成交价：RMB29,900,000

　　此瓶云口，束颈，鼓腹，腹下微撇至足，如意万代耳。瓶身以松石绿
为地，周身遍绘各色吉祥纹样（图 1，下文称"本瓶"）。瓶口下绘制胭
脂红彩倒挂蝙蝠纹样，下接金彩戟纹，又坠有淡黄彩螭龙纹磬。至鼓腹部分，
中心主体纹饰为乾隆洋彩常见之五彩银莲花，莲花上生灵芝及寿桃，再下
绘有主体为胭脂红色的对称螭龙，爪握莲枝，所有纹样又由缠枝花卉相连。
瓶颈部两侧各饰一如意耳，耳下坠金彩万字纹矾红锦带，锦带起棱压线，
甚为飘逸，活灵活现，锦带之上，更以稍深于矾红色地的红彩细绘云纹。
瓶口沿为翻口如意头，黄彩做地，两色蓝彩勾出如意头边框，内各绘三瓣
花卉纹，口上下均涂一圈金彩，精细之致。底落"大清嘉庆年制"六字矾
红篆书款。

图 2　宁寿宫

　　珍宝馆位于故宫博物院东麓，内陈设有清宫旧藏的各色宝石、闪闪发光的金银器皿、珍珠翡翠、金丝凤冠及象牙玉雕，各类珍宝举世无双。此馆所在宫殿区域名为宁寿宫，明代时这里只有稀疏的几座宫殿，是供太后、太妃养老的宫区。到了清康熙年间，康熙皇帝为了让皇太后颐养天年，于康熙二十二年（1683）建造了宁寿宫（图 2）。到乾隆年间，为表示对祖父康熙皇帝的敬仰之情，乾隆皇帝多次表示决不超过祖父六十一年的在位时间。因此，乾隆帝年逾六十岁后，就开始着手为自己的"太上皇"时期准备一个舒适的养老之所。从乾隆三十七年（1772）至四十二年（1777），共用 5 年的时间，扩建宁寿宫建筑群，耗银 143 万余两，终有现在富丽堂皇的殿宇。

　　这件清嘉庆松石绿地洋彩穿花螭龙纹如意万代耳云口瓶，即为乾隆皇帝退居"太上皇帝"后，为宁寿宫定烧的作品。《清宫瓷器档案全集·卷二十六》载："九江官监督全德恭进，……（宁寿宫）……釉里红万福万寿尊成对（乾隆款），翡翠地洋彩万代如意尊成对（嘉庆款）……嘉庆二

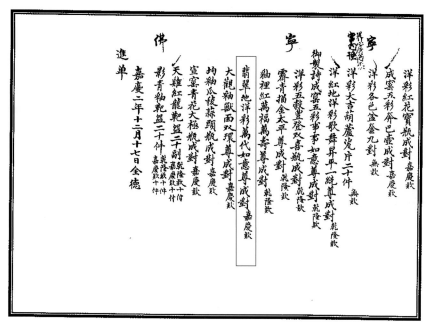

图3　《清宫瓷器档案全集卷二十六》　嘉庆二年　九江关进单

年十二月十七日全德进单。"（图3）"万代如意"意指瓷器肩部的如意
耳及其下坠的万字纹锦带。通观公私收藏的嘉庆年款洋彩"万代如意"尊，
可堪与此条档案相匹配的，其一为上海博物馆收藏的清嘉庆绿地洋彩螭龙
穿枝花卉纹双耳瓶（图4），另一为本云口瓶，二者恰为一对。

　　本云口瓶以松石绿为地，周身遍绘各色吉祥纹样。瓶口下，绘制胭脂
红彩倒挂蝙蝠纹样（福），下接金彩戟纹（吉），又坠有淡黄彩螭龙纹磬（庆）。
至鼓腹部分，中心主体纹饰为乾隆洋彩常见之五彩银莲花，莲花上生灵芝
及寿桃（寿）。以上纹样表现"福寿吉庆"的寓意。再下绘有主体为胭脂
红色的对称螭龙，爪握莲枝，《前汉书·司马相如传》："蛟龙赤螭"，《注》
文颖曰："螭为龙子"，寓意幼子承托起"福寿吉庆"，似是表达了乾隆
皇帝对嘉庆帝的期望（图5）。所有纹样又由缠枝花卉相连，意指循环往复，
生生不息。除上海博物馆收藏外，另有一乾隆朝例与本瓶瓶身所绘图案基
本相同，唯双耳为蝙蝠与寿桃组成的"福寿"耳，曾于香港苏富比和北京
保利拍卖（图6）。

　　本瓶颈部两侧各饰一如意耳，耳下坠金彩万字纹矾红锦带，锦带起棱
压线，甚为飘逸，活灵活现。锦带之上，更以稍深于矾红色地的红彩细绘

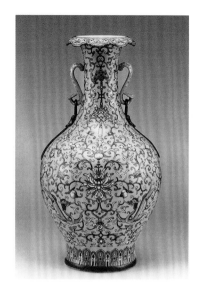

图 4　清嘉庆　绿地洋彩螭龙穿缠枝花卉纹双耳瓶　上海博物馆藏

图 5　本瓶螭龙纹局部

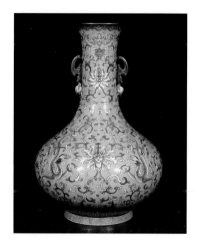

图 6　清乾隆
绿地洋彩螭龙穿花福寿耳瓶

图 7　本瓶如意耳局部

云纹，与如意耳和万字纹一同组成"万代如意"之意（图 7）。"万字纹"为清代皇家的吉祥纹样，可见于宫廷玉器、漆器上，也可见于宫廷画作，如台北故宫博物院藏邹一桂绘《盎春生意图轴》（图 8）。画上有乾隆仿哥釉罐，内插淡黄迎春花、山礬，"万"字节饰系带寓意"万代"，合为"春意万代"，为新春应景盆供。另外也可见于乾隆朝清宫造办处珐琅作制品，陈设于养心殿冬暖阁宝座前象驮宝瓶，宝瓶内插"如意万代"绶带。养心

图 8　清代　邹一桂　《盎春生意图轴》　台北故宫博物院藏

殿冬暖阁为清代皇帝大年初一行开笔式的所在，殿内陈设等级最高，"如意万代"纹亦为清宫吉祥纹样中等级最高者之一。

清一代琢器多饰有各式双耳，双耳式样越繁复、越不易烧造，越可见器物品级之高。一些重要的公私机构收藏有饰"万代如意"耳的瓷器（图9—12）。拍卖市场上也曾经出现过几例饰有"万代如意"耳的瓷器，均以高价成交（图13—15）。

本瓶口沿为翻口如意头(云头)，黄彩做地，两色蓝彩勾出如意头边框，内各绘三瓣花卉纹，口上下均涂一圈金彩，精细之致（图16）。翻口造型最早出现在12—13世纪的钧窑及磁州窑器上，后被景德镇窑学习，也出现在青白瓷上。另有一明代宣德朝例，藏于台北故宫博物院。本云口瓶的翻口如意头的造型，为乾隆朝首创，因烧造难度大，废品率高，博物馆藏品中洋彩传世品仅见极少几例（图17、18）。拍卖市场上亦有几件青花及洋彩翻口"如意头"例，亦均创高价，如一嘉庆朝洋彩瓶及乾隆朝青花尊（图19、20）。

是此清嘉庆松石绿地洋彩穿花螭龙纹如意万代耳云口瓶，集盛清珍稀装饰技法及吉祥纹样于一体，体态中正，发色极佳，为清代洋彩瓷器中不可多得的极美品。

图 9　清乾隆
粉彩紫地勾莲纹如意耳瓶
故宫博物院藏

图 10　清乾隆
青釉刻花缠枝莲纹如意耳瓶
暂得楼藏

图 11　清乾隆
粉彩绿地如意耳万寿瓶
怀海堂藏

图 12　清乾隆
粉彩福寿万年纹如意耳瓶
松竹堂藏

图 13　清乾隆
霁蓝釉描金宝相花如意耳瓶
中国嘉德 2003 年秋季拍卖会
成交价：RMB3,300,000

图 14　清乾隆
霁蓝描金开光粉彩花鸟暗刻松石绿釉如
意双耳尊
纽约苏富比 2011 春季拍卖会
成交价：USD18,002,500

图 15　清乾隆
御制洋彩江山万代如意耳琵琶尊
北京拍卖行 2018 年秋季拍卖会
成交价：RMB94,875,000

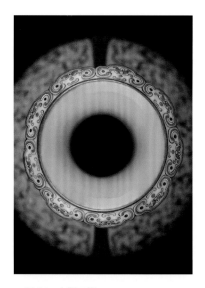

图 16　本瓶口部

图 17　清乾隆
粉彩八仙庆寿图云口瓶
故宫博物院藏

图 18　清乾隆
绿地粉彩福寿吉庆图折口瓶
中国国家博物馆藏

图 19　清嘉庆　洋彩黄地万福云口瓶
香港佳士得 2010 年秋季拍卖会
成交价：HKD90,260,000

伦敦佳士得 2006 年春季拍卖会
成交价：GBD624,000

作者简介

马未都，中华人民共和国第一家私立博物馆——观复博物馆创办人，央视《百家讲坛》主讲人，网络脱口秀《都嘟》《观复嘟嘟》主讲人。曾任中国青年出版社编辑。先后出版了《马说陶瓷》《明清笔筒》《中国古代门窗》《马未都说收藏》《马未都说》《坐具的文明》《茶当酒集》《醉文明》《瓷之色》《瓷之纹》《玉之器》等著作。

吕成龙，1984 年 7 月毕业于景德镇陶瓷学院工程系，获工学学士学位，后就职于故宫博物院至今。现任故宫博物院研究馆员、学术委员会委员、器物部主任、故宫研究院陶瓷研究所所长、中国古陶瓷学会副秘书长等，中国艺术研究院硕士学位研究生导师、中国社会科学院研究生院文物与博物馆专业学位硕士研究生导师等。2006 年荣获"文化部优秀专家"称号。2016 年获得政府特殊津贴。2017 年荣获"2017 年文化名家暨'四个一批人才'、国家'万人计划'哲学社会科学领军人才"称号、2018 年任中国人民政治协商会议第十三届全国委员会委员。

马学东，艺术理论学博士。2007 至 2017 年在中央美术学院 AMRC 艺术市场研究中心工作，并担任《中国艺术品市场研究报告》的副主编。中央文化干部管理学院特聘教师，中央美术学院艺术管理与教育学院特聘教师。目前任职于嘉德投资公司投资部，任投资部总监。

刘旸，毕业于天津南开大学，考古及博物馆学专业硕士。现任中国嘉德国际拍卖有限公司瓷器及古董珍玩部总经理，曾于 2019 年主持中国嘉德《天民楼藏瓷》专场拍卖。

徐畅，毕业于清华大学美术学院，艺术史论系硕士，中国工艺美术史方向。曾就职于中国嘉德国际拍卖有限公司，现就职于中央美术学院中国公共艺术研究中心。

铁元神，毕业于广西师范大学，考古及博物馆学硕士。现任中国嘉德国际拍卖有限公司瓷器及古董珍玩部助理。

于洁，毕业于中央民族大学，博士学位，研究方向为元史及北方民族史、政治制度史。现为北京大学博士后，从事宫廷书画、宫廷机构及文化史研究。

张心洁，毕业于佳士得美术学院，艺术史硕士。现任中国嘉德国际拍卖有限公司瓷器及古董珍玩部助理。

后记

瓷业发展至清代之际，工艺臻于化境，釉、彩、雕、镂大备，完美继承前代工艺的同时，又能自出心裁，开创前所未有之全新色调、釉彩幻化、形式百变，风格宜古宜今、仿古精妙、新创尤佳，以至随心所欲，变化无穷。

康熙、雍正、乾隆三代君王，追慕汉文化传统，赞赏魏晋风流，推崇两宋清雅，甚至心悦明代风华。除此之外，他们还拥有能将心中理念完美执行的几位督陶官。在几代工匠勤谨努力之下，不论釉色素净的宋代青瓷、发色浓重的元明青花，还是鲜艳端丽的明代斗彩，都在此时重现天日。随着技术的突飞猛进，新的色彩和装饰手法不断涌现，新鲜的瓷器品种也在此时层出不穷。

《嘉德讲堂》第四辑着重于清三代瓷器，延续"讲堂"系列的优势，甄选收录了中国嘉德历年特邀学者撰写的深度好文，以及部门专家的研究成果。上篇以瓷器鉴定和各类知识文章为主，下篇则重点以历年拍卖出现过的高价清三代单品瓷器为例，集结成专题。既呈现瓷器型制、纹样和工艺的研究成果，也带领读者欣赏精美绝伦的瓷器。

中国嘉德在近三十年的历程中，以"嘉德讲堂"的名义举办了百余场学术活动，旨在弘扬学术精神、普及艺术知识、活跃收藏市场。与嘉德合作的众多专家、学者经过多年的努力，使"嘉德讲堂"成为了一个传播艺术和收藏知识的知名品牌。

图书在版编目(CIP)数据

皇朝盛世：清三代御瓷/寇勤主编；嘉德艺术中心编.
—上海：上海书画出版社，2021.12
（嘉德讲堂）
ISBN 978-7-5479-2758-8

Ⅰ.①皇… Ⅱ.①寇… ②嘉… Ⅲ.①官窑－瓷器(考古)
－研究－中国－清代 Ⅳ.①K876.34

中国版本图书馆CIP数据核字(2021)第250337号

策　　划	寇　勤　李　昕
特邀顾问	刘　旸
特邀编辑	张　迪　杨　涓　严　冰

皇朝盛世：清三代御瓷

寇　勤 主编　嘉德艺术中心 编

责任编辑	王　剑　邱宁斌　张箬溪
审　　读	曹瑞锋
封面设计	陈绿竞
技术编辑	包赛明

出版发行	上海世纪出版集团
	❸上海书画出版社
地址	上海市闵行区号景路159弄A座4楼
邮政编码	201101
网址	www.ewen.co
	www.shshuhua.com
E-mail	shcpph@163.com
制版	上海久段文化发展有限公司
印刷	上海画中画包装印刷有限公司
经销	各地新华书店
开本	787×1092　1/16
印张	12
版次	2021年12月第1版　2021年12月第1次印刷
书号	ISBN 978-7-5479-2758-8
定价	138.00元

若有印刷、装订质量问题，请与承印厂联系